es 1922

edition suhrkamp

Neue Folge Band 922

Im Wintersemester 1993/94 lehrte Oskar Pastior an der Johann-Wolfgang-Goethe-Universität in Frankfurt am Main Poetik. Genauer gesagt: Er trug seine Poetik vor. Noch genauer gesagt: Er trug poetologische Überlegungen poetisch vor. Etwa so: »Wenn ich nun aber sogenannte *Schreibverfahren* willkürlich austranchieren sollte – aus den diversen »Projekten« in denen sie gehäuft, und als Motor, zum Tragen kamen – und die mit ihren Buchtiteln, zumindest in meinem Kopf, längst zu Namen für eigenständige literarische Gattungen geworden sind: Gedichtgedichte, Hörichte, Fleischeslüste, Wechselbälger, die krimgotischen Lieder und Randphänomene, all die Tinnitusse und Sonetburger, Gimpelstifte & Vokalisen; geschweige denn die traditionell benannten Anagrammgedichte, Kopfnuß-Januskopf-Palindrome und schließlich die kleine Kunstmaschine der Sestinen – so müßte ich zusammenfassend auch sagen: Mit den Projekten, ihren Schreibverfahren, ja mit ihrem Namen haben sich gewisse poetische Umgangsformen, Fertigkeiten, Fähigkeiten herausgebildet, die nicht bloß abrufbar, sondern eigentätig weiterwirkend auch in späteren Projekten dann immer wieder mitmischen.«

Oskar Pastior
Das Unding an sich

Frankfurter Vorlesungen

Suhrkamp

Der Verlag dankt für die großzügige Abdruckgenehmigung der in den Vorlesungen zitierten Gedichte und Textfragmente: Dem Carl Hanser Verlag, München, (*33 Gedichte*, mit Francesco Petrarca, 1983; *Lesungen mit Tinnitus*, 1986; *Jalousien aufgemacht*, ein Lesebuch, 1987; *Kopfnuß Januskopf, Gedichte in Palindromen*, 1990; *Vokalisen & Gimpelstifte*, 1992; *Eine kleine Kunstmaschine, 34 Sestinen*, 1994); dem Literarischen Colloquium Berlin, (*Ein Tangopoem und andere Texte*, 1978; *Feiggehege, Listen Schnüre Häufungen*, 1991); dem Rainer Verlag, Berlin, (*Sonetburger*, 1983); dem Verlag Klaus Ramm, Spenge, (*Höricht*, 1975; *Fleischeslust*, 1976; *Wechselbalg*, 1980); und dem Verlag Klaus G. Renner, München, (*Der krimgotische Fächer*, 1978; *Anagrammgedichte*, 1985).

edition suhrkamp 1922
Neue Folge Band 922
Erste Auflage 1994

Erstausgabe

Satz: Leingärtner, Nabburg
Druck: Nomos Verlagsgesellschaft, Baden-Baden
Umschlagentwurf: Willy Fleckhaus
Printed in Germany

1 2 3 4 5 6 – 99 98 97 96 95 94

Inhalt

Erste Vorlesung

Text, gelesen am 11. Januar 1994

Guten Abend, meine Damen und Herren, vergessen Sie einmal folgende Sätze: Vergessen Sie bitte noch einmal folgende Sätze, vergessen Sie wie Sie den Sätzen folgen. Haben Sie vergessen wie die Sätze folgen. Folgen Sie einmal Sätzen die nicht folgen. Folgen Sie noch einmal diesen Sätzen. Sie – kleingeschrieben – folgen anderen Sätzen. Sie – großgeschrieben – folgen anderen Sätzen. Vergessen Sie nicht daß andere Sätze folgen. Diese Sätze können eben nicht folgen. Sätze folgen indem sie vergessen. Sätze folgen nicht indem sie nicht vergessen. Sie – kleingeschrieben – wissen nicht was folgen oder vergessen heißt. Ich weiß nicht was wissen heißt. Das ist ein Satz. Und das ein anderer.

Nämlich wörtlich. Die Nämlichkeit und die Wörtlichkeit. Es ist was es bedeutet, es zitiert was es sagt: ein Text vor dem Witz »des Wissens«. Das wäre etwa ein Text in dem das Wort nicht vergißt, das heißt in dem das Wort nicht vergißt. Ein Text, etwa Gertrude Steins, läßt nicht vergessen, uns zu grüßen. Und auch Ernst Meisters nicht uns zu entsinnen: Sein und nicht Sein, desgleichen der Text, Unding an sich, und konsequenterweise (folglich) Text in dem nicht unbedingt folgt, was wörtlich wäre, mit anderen Worten eine Schnur die sagt was ist und was nicht ist: nicht nicht nicht nicht nicht nicht; und und und und und und; denn und nimmt sinn, und gibt sinn, und nimmt und gibt sinn; denn sinn gibt auch was sinn nimmt und sinn gibt was auch sinn nimmt; sinn und und sind wie nimmt und gibt und wie als und wie; und macht wau und wau; mal als wie mal als als mal als gibt mal als nimmt; und nimmt als mal gibt als mal als als mal wie als mal wau; und wau macht und wie und als wie; und gibt und nimmt wie sind und und sinn; nimmt sinn auch was gibt sinn und nimmt sinn was auch gibt sinn; denn sinn gibt und nimmt und sinn gibt und sinn nimmt und

– nämlich wörtlich. Wo das wie und das was einander so lesen, daß es sie gibt. Das ontologische Moment, wo Erkennen sich macht und so wird: Ob, wann und daß (also wie) dieser kleine »und«-Text aus einsilbigen Wörtern sich palindromisch aufbaut und abläuft in den beiden Richtungen, in denen er sich auseinander- und zusammenliest, auch wenn er uns immer eindirektional in Erscheinung tritt; ob, wann und daß, also wie er bedeutet was ihn ausmacht – unter anderem ein Palindrom – und ausmacht was ihn bedeutet – unter anderem die Versuchsanordnung »Erkenntnisgeflecht im besonderen Leseschritt (einsilbig), bzw. Zeitgenese im besonderen Leseereignis (so und nicht anders)« – halt ein höchst künstlicher Ausnahmefall eines Textes und deshalb, in seiner Ausnahme, ein gleichzeitig ungleichzeitiges Analogmodell verkörpernd für das was beim Lesen, Sprechen, Schreiben, Denken – kurzum beim Verstehen – als »poesis in nuce« ohnehin und ehwieso ständig passiert: Text, der selber sich liest – das Unding.

das gedicht besteht aus fünf strofen jede strofe besteht aus einem wort dieses wort heißt WAGGON das gedicht besteht also aus fünf wörtern WAGGON WAGGON WAGGON WAGGON WAGGON weil aber jedes dieser fünf wörter eine strofe darstellt gibt es zwischen dem ersten und dem zweiten dem zweiten und dem dritten dem dritten und dem vierten und dem vierten und dem fünften wort je einen strofenzwischenraum weil aber die fünf strofen ein gedicht sind gibt es nicht nur eine erste und eine letzte und dazwischen eine nächste bzw vorvorvorletzte und eine übernächste bzw mittlere bzw vorvorletzte und eine überübernächste bzw vorletzte strofe sondern auch die erste die zweite die dritte die vierte die fünfte strofe das jedoch heißt daß die die fünf strofen bildenden wörter nicht nur zwar die gleichen aber nicht dieselben sind sondern auch daß sie zwar durch zwischenräume getrennt sind aber doch auch aneinanderhängen und zwar so daß es unmöglich wäre beispielsweise vom nächsten WAGGON direkt zum überübernächsten oder vom fünften direkt zum zweiten oder vom mittleren direkt zum ersten oder direkt zum letzten WAGGON zu gelangen ohne daß man vorher ein paar strofen vertauscht hätte was hieße daß man sich in einem zwar gleichen aber nicht mehr demselben gedicht bewegen würde und von einem solchen gedicht ist ja hier nicht die rede überhaupt die fortbewegungsfrage denn gesetzt den fall ich bewege mich vom ersten WAGGON durch den zweiten WAGGON in den dritten WAGGON so bewege ich mich gleichzeitig vom vorvormittleren durch den vormittleren in den vorvorletzten WAGGON um diesen aber als vorvorletzten zu identifizieren muß ich während ich mich vom vormittleren in den vorvorletzten begebe mich gleichzeitig vom letzten durch den übermittleren in den nächsten also den mittleren oder dritten oder vorvorletzten WAGGON begeben schön und gut aber wie kann das geschehen das kann wohl geschehen weil der erste der zweite der dritte der vierte und der fünfte WAGGON mit unwahrscheinlicher geschwindigkeit ständig ihre plätze tauschen hin und her und durcheinander das sieht ihnen natürlich keiner an weil jeder glaubt er sei im selben und gleichzeitig im gleichen WAGGON was ja auch stimmt nur daß es unmöglich wird die fünf strofen des gedichtes in einem atem zu nennen indem man etwa sagte man fahre in fünf WAGGONS das stimmt nämlich nicht ganz abgesehen davon wer da eigentlich fährt das gedicht im leser oder der leser im gedicht oder irgendwie anders im zusammenhang mit papieruhren oder überhaupt nicht weil WAGGON egal welcher nur ein zum fahren gedachtes wort ist aber es kommt noch schlimmer man stelle sich vor wenn ich zum beispiel nicht nur ein leser sondern gleichzeitig auch ein raucher wäre und ein WAGGON mir zwar als leser als ein gleicher als raucher jedoch keineswegs als derselbe nämlich der mit raucherabteil erschiene oder wenn ich nicht nur ein leser und raucher sondern auch gleichzeitig ein zugschaffner oder ein heilwasservertreter oder ein abgeordneter oder eine romangestalt ein botanist ein grenzübertreter ein orgelpfeifenrestauratör oder gar ein nie eisenbahn fahrender oder ein nie in der eisenbahn ein gedicht lesender oder ein nur im schlafwagenabteil sich an andere gedichte erinnernder wäre oder mein gott mehrere von diesen oder hilfe alle zusammen und gewiß noch einiges hinzu nein nicht auszudenken darum schlage ich vor a) womöglich nie einen zug zu benützen der aus fünf strofen besteht b) wenn es schon sein muß die strofen im kreis anzuordnen damit das problem des zählens theoretisch zumindest vereinfacht wird und auch von rechts nach links lesende leser im gleichen zug gleichzeitig die rückreise machen können c) weil der vorige und der vorvorige vorschlag doch recht unzufriedenstellend sind vielleicht vorher einmal überhaupt versuchen fünfmal hintereinander das gleiche zu tun

Fünfmal, hintereinander – das Gleiche zu tun? Das WAGGON-Gedicht aus den »Gedichtgedichten« von 1973, das zu dieser Verifikation auffordert (und, blinzelnd, ihr Scheitern einbezieht), erweist sich jetzt nach zwanzig Jahren hübsch albern als prophetisch, indem es mich mit der Nase auf unsere Veranstaltung hier mit den fünf Vorlesungen stupft.

Ein Gran Wahrheit ist ja dran. Wie organisiert sich etwas, das als Ganzes nicht umrissen ist, in fünf distinkte Teile, die als Teile nicht umrissen sind weil eins ins andere wuselt weil das Ineinandergreifen und eben nicht die kategoriale Hierarchie das ist was den Text zum Ganzen einen könnte – wäre da nicht irgendwo im Kontext des wöchentlich Fixierten die Zahl 5 mit ihren jeweils 45 Minuten. Höchst einschränkende Spielregel, auch so ein Wuselpunkt im nicht umrissenen Ganzen. Abgesehen mal von zusätzlicher Ethik im Umgang mit »bereits gedruckt, gehört, gelesen, vorgetragen«, Sie verstehen. Ich verteidige, wie Sie hören, den Gehörpunkt und Gesichtspunkt, wonach jeder Textpunkt in einem neuen Kontext eine neue und vom Ganzen her besorgte eigenständige »Collage«-Valenz in »diesem Zeitpunkt« für sich freisetzt: de facto wiederholt sich nichts; die alte Erkenntnis gegen jede realistische und/oder bürokratische Logik.

Klammer. Und wäre dies Rahmengeplänkel nicht auch so ein poetologisch konstitutiver Wuselpunkt in allem was mich schreibt indem ich schreibe, also nicht das übliche Stöhnen über Schwierigkeiten überm weißen Papier, so hätte ich auch kein Wort darüber mich verlieren lassen, Klammer geschlossen.

Vom Hundertsten ins Bläueste.

Und wie der Satz »Ein Himmel ist nicht blau« nicht gilt, weil einmal blau gesagt schon blau ist, ohne wenn und aber, will ich nicht aufzählen was ich nicht sage, nichts Denkbares an Bifurkation für nicht sagbar oder tragbar halten, nicht einmal daß im nicht ein ich drin stecken könnte, hätte ich es hier nicht etwa blau gemacht zum Zwecke einer Lackmusprüfung die in einem anderen Text nicht gilt.

Ich werde also mit den Brocken wirklich so wie sie an sich und zwiebelhäutig – Peer Gynt läßt grüßen – mir heut anders folgen nicht chronologisch umgehn (vom Hörensagen eines Datums her betrachtet) und auch nicht auf Themen, Fächer, Unterbringungen und Überdachungen oder gar ein in sich eingestimmtes Theoriegebäude hinsteuern dürfen – was ohnehin, falls überhaupt, erst von der Spezies der Sekundären Geister d. h. versehentlich geleistet werden könnte.

Biete demnach Arbeit an. Hören Sie. Ich biete Ihnen meine Arbeit Ihres Hörens an. Ein Stück vom Nehmen und vom Geben dieser Sorge vor dem Weiterrücken im Begriff des Hauses auf der Wippe, was nun tatsächlich arebeit ist.

Die Abstraktion – wenn das denn Mühe oder Wissenschaft wäre – bleibt überlassen, übertragen, überantwortet. Wem? Das ist die Frage nach dem Dativ oder der Genauigkeit in einem indirekten Objekt.

Dingdong van Unding
Voodoo van Ludens
Hedwig van Bottich
Nämlich van Wahrig –

Das Wortfeld, das Lautfeld, die Fehlbelegung: Wieviel Typen, welche Typen, sind die Typen auszumachen? Zum Beispiel Zählen und Nennen: Achte auf die Neunte! Erkenne die Weichen, fälle Scheidungen, reibe die Karten, pelle die Abweichung. Gänse die Enten. Wie man Birnen und Äpfel zusammenzählt.

Ordne dem Prinzip die Hose (vorne Seerose – hinten Seehase); schleuse durch Reuse die Sklerose; sorge für Abfall ohne den Hirten; krabble (genau wie kein Zufall) vom Scrabble zum Ballhorn; zipfel das Fallobst – amboß den Rebus – kubus den Wandlitz; vokabulare die Lust an der Serie.

Es könnte ja sein, daß insgesamt die Sache fingiert und das Suchbild ein Stück Natur mit einer fatal fraktalen Dressur zum Stil wäre – Küstenläufe entlang den Synapsen von Küstenläufern.

Listen, Schnüre, Häufungen – langsam entpuppt sich Gedanke. Die Relationale, ein Interregnum.

Denn, angenommen: Wäre ein Küstenlauf wie ein Lebenslauf wie ein Text, hätte seine Abwicklung ein Vokabular von einer Beschaffenheit in der sich nichts wiederholte, käme es nur auf die Niederschrift der Reihenfolge an, ginge dabei aber auch nichts durch die Lappen, umschriebe der Irrealis dieses Satzes den einzig und allein noch vorstellbaren Realismus.

Aber das Vokabular wäre kein Vokabular, und seine Bestandteile keine wiedererkennbaren Wörter. Aus ihrer Abfolge entstünde eine Sytax von einmaliger Ordnung, also keiner. Das wäre ein großer Vorzug.

Poesie vor der Erkenntnis, nämlich. Nämlich ohne Spielregel.

Oder aber, spielerisch (denn ich rede ja!): der biogenetische Code schlägt durch. Die Sprache des Autors, mit all ihren Zacken und Macken, abgebrüht und notgedrungen im Katalysator der Autopoesis einer Spielregel; die, so hofft der Autor, imstande sei, ein Sensorium für Relationen zu entwickeln, sozusagen ein Skalpell aus dem beweglichen Stoff, der so künstlich ist, daß es, das Skalpell, selber zum Denkkörper wird – in das es schneidet. Textgenese als Vivisektion.

Poesie als Sachbuch. Scharf unscharf findet Umbedingung statt.

Ich weiß nicht was Lyrik ist.

… Beli Boku
Stisa Flune
Namagalsi Phoschwehklar
Kakazkati – Wackermann: Feconi!
Cucygalgen! Assel! Brotcryp! …

– die formelhafte Schlüsselstelle – oder Eselsbrücke – aus einem ganz frühen Gedicht (April 1955) mit dem Titel »Das periodische System«, der Elemente natürlich. Das mir – private Weltbeschwörung, durch die Fugen eben einer Eselsbrücke – den Absprung von der Hermannstädter Baufirma ins Bukarester Universitätsgedümpel plausibel machen wie erscheinen lassen sollte. Schon für die Chemie des Abiturs 1952 hatte mich die Formel »Beli Boku usw.« auf den Punkt gebracht, memorierbar nach Mendelejew, was konnte da noch passieren. Nun, allerdings, die Weiterung zur Metropole einer Aufnahmeprüfung mit anders enger Rasterung und Auskörnung der »Elemente« – die Warnfunktion in der Beschwörung der Silben, da haben wir sie bitte, diese Lindenblätter, vorzufühlen »das Leben« auf dem Schulterblatt im Ortswechsel zur kosmopolitisch, gar maurisch im cisekschen Hochsommer gleißenden kleinparisischen Großstadt B.! Schwellen- und Prüfungsangst also, vor der Höhle des Löwen. Andere Ängste noch nicht. Oder doch?

Rückblickend, na ja, ein abergläubisches Menetekel. Denn wenn, und zwar in dieser Reihenfolge, mit und anhand von Berillium, Lithium, Bor, Kupfer, Stickstoff, Sauerstoff, Fluor, Neon, Natrium usw. das postulierte System sich zumindest ahnbar memorieren ließe (alles in allem jedes in jedem), so wäre mit Hilfe (wie zum Bestand) der *Weltlyrik als Eselsbrücke* deren Sinnkonstitution so einfach. Über diese Brücke, sage ich ja noch heute, wandelten Eppich und Ehrenpreis genauso wie Prießnitz, Artmann, Whitman, Eich und Bach, Litanei wie Litaipe, translatorisch, u- und isotopisch, ein- und gertrudsteinig, ätherisch, biogenetisch – wir befinden uns nach wie vor im populärwissenschaftlichen Zeitalter. Oder nicht?

So plaudert es sich dahin. Wir springen.

Berlin 1990 – eine andere Versuchsanordnung. Trotz globalen Wegfalls geht es noch immer um Sein & Bedeuten, Beschwören & Bannen, Stampfen & Singen: Dot – Antidot. Die bequemen Gegensätze pubertieren weiter. Geist & Macht. Mustern & Ausmustern. Einheiten & Aushalten – wie sie pilzen & spalten, teilen & spannen, ferkeln & entferkeln. Es heißt zwar, die Symmetrie ist bitte oft sublim – aber selbst die Sprache generiert aus Einerseits ihr Andernteils. Der Newton und das Chaos.

Darum brauchen wir jetzt gleich einen Voodoo! Als Haus- und Blinddarmsegen einen Zauberspruch, schief ausgerupft, nämlich diesen:

Voodoo ludens

konus rambo
nobis kubus
nominale
mores klima

male sinus
male kanus

fokus orkus
bona fides
ubi fikus
ibi carmen

kitschi pulpa
salomonis

turnus morbus
nolens volens
luna bulbus
ante portas

witschwitsch
salsa

oi

ora thora
bora nora

oi

homo parvus
malepartus

kuskus poco
tohki-wohki
papa rebus
nablus tobis

hickhack saulus
hickhack burnus

ufa ufo
buffo femur

ponis ponis

fifa rocco
bea culpa
nubis volvo
croco pubis

michigan jojo
bis rhodos

flavus tratus
kumyß raptus
orbis pictus
rubens tangens

witschwitsch

male rhombus
male bambus

oi

davos bimbam
omis taklen
vale nono
ecco movens

a) bis coblenz
b) wie avus

jute jute
laminate
somnambule
unikate

kitschi pulpa
thomas morus

tomis bonus
imbiß lupus
oi kaliber
duktus vobis
python liptus

oi

Die Latinität natürlich. Plusminus Malewitsch (postkrimgotisch). Das Lautende in Lautenden. Am Ende das Laufende versus das Malende; Laut- und Letternlinearität: global, trophil, katafrunk! In Interpretierenden das noch zu entdeckende diskontinuine Rumpsteak – schlaufende Brüche, über Ajgi Gennadij zu Agi, Movens Pretzelli, zu Kicsi Jojo, ungarischer Malepartus. Das Oi als Stoßseufzender (Ermöglicher); der Heizer schaufelt nach – tender blossoms, Lichtenbergscher Konjunktiv, das Maschinchen im Eukalyptus. Die Geschichte könnte auch anders laufen.

Ich setze also, auch hier, im Voodoo ludens, auf den springenden Punkt im gesträubten Fell des Denkens: Wortfelder, ein Text natürlich – das Unding. In diesem Fall den selber sich zusammenlesenden auseinanderlautenden, d. h. japsend und synapsend sich interpretierenden Modus gerundivus. Wenngleich es schnappt wenn Gleiches schnappt wenn gleich es schnappt. Diese Ungleichzeitigkeit im Sonderfall zum Musterfall – o Mustafa, *das Denken des Zufalls!* Wer da wen denkt. Wenn *voodoo ludens* sich liest (wer sonst); wenn ich

Poren schwitze (statt zu stopfen); wenn Sinn, Bedeutung & Verstehen immer etwas wie Hervorbringen sei (Naturwissenschaft, ein Sachbuch) – so deshalb, weil so deshalb weil verlangt und ich nicht bereit bin, mich ohne Weiterung zu fügen oder ins Kraut geschossen zu werden, wenn die Grammatik, die durch alle Maschen rasselt, ein paar Maschen vorbeisausen sieht, die es so nicht gibt und man erfinden müßte dort, etwa, wo die Katachresen sprießen als ob es Montag wär in der Arena, dem Spielfeld einer *Determinationsverschiebung* (zur fraktalen Stimmung – wieder eine Teleologie, verdammt?) auf der hysterischen DNS-Spindel »Ei – oder Kolumbus?«. Das ist die eigentliche Verzweiflung des Apfelmännchens (Bifurkation); nämlich daß es selber noch ein Stück Freiheit – und sei es die, aus dem Ruder zu laufen – einbüßen tut. Und mein Hunnenlatein will ja auch nicht so raus wie es im Namen »des Kerbelns«, etwa, geschieht. Fixe Ideen! Laufen immer mal anders auf die Reduktion zu, reduzieren sich aber zusehends auf Sprünge. Daß unser *und*, das heldenlose Unding, der Zeitort wie die Ortszeit aller Texte sei (Petrarca, Telefonbuch, Kleist bis Kafka), ist so eine Vermutung. Daß dann *syntaktische Figuren* älter, zäher, suppiger & gruppiger, mit einem Wort vitaler, d. h. alberner seien als die auratischen Wörter, mit und aus denen sie bestehen müssen, eine andere; weil sie, wie ich zu meinen Vokalisen sagte, sich ja krampfhaft an ihr umfassendes *Verhältniswort* erinnern wollen, das es nicht gibt, weil sie es zum Teil selber sind; nur daß dann die Geburt der Sprache aus dem Geist der Unschärferelation gleich wechselbälgisch zombiehaft mir den schönen Genitiv (siehe Das Denken des Zufalls) scharf aufzehrt – andere Versuchsanordnungen, andere Lesarten.

Durchschwitzte Poren? Marotten? Fixe Ideen? Eher Klumpen. Auch das Urviech Wissen hantelt mit Metaphern,
während hier und dort und mittlerweile nichts kommt und nichts weitergeht; der Windstille gleich; während die Tiere und die Pflanzen nichts Wildes und nichts Sanftes an sich haben; den Schlafenden gleich; und während, einem Wagen gleich, die Nacht mit ihren Himmelskörpern ums Eck rollt – während Wasserflächen ohne Eigenschaft herumliegen, diesem Ozean gleich; nur ich bin bei Bewußtsein, denke, fühle, vermisse; während mich gleichsam ein Riß, einer Süße gleich, nie einholt und immer übertrifft – dies ist der Schauplatz, gleichsam mein Ort, der aufwiegelt und weh tut; einem Zustand gleich; den ich ignoriere, »während im Grunde die Quelle entspringt«; ja, indem ich etwas Ruhe finde an derlei Hypothesen, »während du gleichsam die Liebe bewegst«, die mich anbranden und abnabeln – »Stoff, aus dem ich bin, meine handgeknüpfte Metapher«; währenddessen, eingefädelt im Stich, heillos verheddert, verstrickt, übe ich darin den Salto mortale, eine Art Entbindung; gleichsam die Litanei; wie soll das ausgehn.

Frage wie gleich Argument. Ich verschweige Ihnen – »damit die Karten offen lägen« – daß »mein« Petrarca, den Sie hörten, mein »Petrarca« ist. Stimmt das nicht, oder ist das unklug. Kann ich verschweigen sagen. Kann ich Negation sagen. Das ist nämlich das Problem. Das ich jetzt nicht verschweigen, geschweige denn thematisieren kann, besonders wenn sie, die Negation, nun gleich mit UN bewerkstelligt wird, unterlasse ich dann meistens nie zu sagen, wie Unfug, Unbill, Unikat, bzw. die ungarische Undine, wenn sie rund um Wunsiedel den High-Noon-

Schwund erkundet ... mit und ohne Tunika ... kurzum ein kleines Listengedicht aus dem alphabetisch rückläufig getrimmten Wörterbuch der deutschen Gegenwart:

daun faun alaun
kalialaun chromalaun aluminiumalaun ammonium-
alaun eisenalaun
kapaun
braun
gelbbraun cognacbraun gold kaffee rehbraun
van-dyk-braun apfel weichsel kessel schokoladen
kastanien leder zunderbraun
bisterbraun
nußbraun moschus lichtbraun zimtbraun
rotbraun rostbraun schwarzbraun
alraun
zaun
fischzaun schlickzaun pfahlzaun ackerhohlzaun
starkstromzaun stangen zwischen hecken schwellen
dornen und staketen garten latten ruten
bretter gitter stacheldraht
flechtzaun bauzaun grenzzaun
gabun
tribun volkstribun
neun
taifun rangun immun kommun
nun
trockenschampun kamerun
sommermonsun wintermonsun
tun
abtun kundtun betun dicketun auftun wegtun genugtun
nachtun gleichtun heimlichtun
beitun zurücktun übeltun wohltun vornehmtun umtun

antun
zusammentun hintun schöntun neptun
dartun zuwidertun importun opportun
vortun großtun nichtstun austun kattun
kleiderkattun bettkattun zitzkattun
mittun
nottun guttun zutun
dazutun und hinzutun

Das Wörterbuch – als Fundus. Der formal bestimmte Ausschnitt (»alle auf UN auslaufenden Vokabeln«) als Fundstück drin: Fragment einer viel längeren Reihe, als solches freilich geschlossen in der Exklusivität dieser Endposition.

»Mein« Fragment also zählt auf, ordnet und benennt in einem Atem, ist Liste im Dutzend wie im Schock – immer wenn unversehens bedeutungsmäßig gewohnte Reihungsmuster mit ungewohnten interferieren, kommt es zu Spitzen, die einander schluchten; das aber an scheinbar unordentlich verteilten Stellen einer einschränkenden Regel (»streng alphabetisch rückläufig«), die den Text generiert – Oulipo läßt grüßen; und die, über das Fragment hinaus verfolgt, zu tun hat

a) mit der Gewohnheit im Kopf, Wörterreihen, bei uns zumindest, nach dem lateinischen Alphabet im Anfangsbuchstaben zu orten und aus der Ortung Richtung und Bewegung her- und hinzuleiten;

b) mit der in diesem Fall uns lange nicht vertrauten alphabetischen Rückläufigkeit, also jeweils vom Wortende her gerechnet, aber in der Auflistung dennoch »richtig« nach dem ABC;

c) mit dem speziellen Ohrenmerk auf die schillernde Lautfolge UN, die den Text zusammenhält und diakritisch unterwandert; und schließlich
d) mit der Art und Weise, wie vollständig diese Fundgrube überhaupt ist und sein kann. Im »Rückläufigen Wörterbuch der deutschen Gegenwartssprache« von Erich Mater, VEB Bibliographisches Institut Leipzig, 1987, dem ich die Passage ungekürzt verdanke und entnehme, fehlt das *cognacbraun* von Gottfried Benn, das ich mir einzufügen gestattet habe – aber gewiß noch ein paar andere UNS, die noch im Raume stehen.

Die Fahrt durch den so zerklüfteten *Cannon der Negation* scheint charakteristisch zu sein; sie ist nur ein Teil eines nach vielen Seiten offenen Musters.

Wir springen.

Vom Zeitunglesen und vom Räumungswesen. Vom Lokalisieren zeitlicher Dinge wie vom Einräumen eines Archivs.

Darauf getrimmt, Texte als Zeitung zu lesen, und Zeitung – sage ich, einräumend, so man ein Wörtlichnehmer ist – als poetischen Text, was durchaus ein Gewinn ist, und welcher Text wäre es nicht, erhalten wir beispielsweise das Leitartikelgedicht.

das leitartikelgedicht ist wird und kann keine beschreibung eines leitartikels sein geschweige denn ein solcher selbst im gegenteil es unternimmt den versuch zu beweisen weshalb ein gedicht niemals ein leitartikel und viceversa sein kann insoweit ist das leitartikelgedicht prima unerwartet offen stellt es fest daß es verfaßt wurde nun in die zeitung gedruckt und morgen an den mann kommen kann und wird es schildert auch die zeitung in der es erscheint auflagenhöhe gebietsmäßigkeit und politische relevanz sogar die schlagzeile der titelseite der betreffenden nummer wird eindeutig verfremdet zitiert ebenso teile des impressums nebst biografischem rankwerk am gelungensten ist die breitangelegte mittelstufe in der das streuvermögen des gedichtes auf die ringsum gedruckten artikel bzw dieser artikel auf das gedicht nicht nur vermerkt sondern auch untersucht wird ungeahnte wechselwirkungen gehen auf diese weise in die substanz des lyrischen wie der sie umgebenden prosa über und ein anhand von kritischen beispielen führt es vor wie FLUTKATASTROFE die fügung UNWEIGERLICH OH STAUDE sinnfällig unterstützt DU SAGST ES den leitspruch JUNG SEIN UND IN ahnend ergänzt weiterhin ist die rede von durchschlagenden effekten eines formschönen fotos der hinterseite sowie vom seitensymmetrisch placierten kaninchenball INFORMATION EIN EFFEKTIVER WERT wobei nochmals auf die grundlegenden unterschiede zwischen dem seriösen unabhängigen leitartikel und dem subjektiv empfundenen ja oft spielerischen gedicht trotz der erwähnten streuungsfelder entschieden hingewiesen wird das auf die metafer eines blühenden strauches hindrängende skeptischer ja sogar verzweifelter töne durchaus fähige leitartikelgedicht trägt den leider ein wenig programmatischen titel DER TEIL UND DAS GANZE

Man dürfte Ausschnitte nicht ausschneiden.

Man dürfte Einschränkungen nicht aufkleben.

Man dürfte Ordner nicht anlegen.

Alles falsche Seilschaften, falsche Zusammenschlüsse, falsche Interdependenzen. Falls falsch hier nicht das falsche Wort ist.

Das Arrangement, nach dem der Ordner aufgebaut ist, stellt jedenfalls die aus ihrem Kontext herausgerissenen Dinge in einen neuen. Der – gelesen? ungelesen? – dann wieder »auratische Verschiebung«, Überlappung wie Chronologie, bewirkt. Der Film als raumzeitlich verfügbare Vorstellung einer Abfolge prägt die Archive. Er macht Zeitung. Die Sukzession als Story.

Freilich, der materiale Kontextreiz einer Zeitungsseite wird mehrfach und mehrdimensional hinterfragt und hinterfragt werden müssen. Das gehört nämlich mit zur jeweiligen Aura. Wo bitte war die Nachricht, bevor sie, so garniert, erschien? Was bitte war sie wann und wem? Welche und wie viele »auratischen Verschiebungen« haben sie zwischendurch geprägt? Bis wir sie, die Nachricht, zudem aus Unterteilen kaleidoskopisch in sich zusammengeschustert, etwa als typischen Stil eines Textes begreifen. In dem dann – sagen wir – die simple Aufreihung von »Fakten« (auch hier die Frage nach der Kleinsteinheit!) eine zwingende kausale oder finale Logik insinuiert.

Die mehrfach ausgeblendete »Aura« aller Zwischenschritte (falls man bei Aura noch von Schritten reden kann) hat im geheimen mitgewirkt und bleibt, wenn der Text gut ist, sein offenes Geheimnis.

Man dürfte Ausschnitte nicht ausschneiden.

Um überhaupt zu reden, schneidet und klebt die Sprache »mich« unentwegt vorsintflutlich aus und auf. Das ist der Zustand. Andere sagen, die Melancholie. Und wieder andere, die Eigenwilligkeit des Apfelmännchens vor der Bifukation.

Wanda Parehte ist so zweischneidig

O Wanda jenes schilden Mir-Entgegen
so stemmt sich Aug dem Auge nur
ins Schneegestöbre (schizopubes)
wann Phren aus surren Steinen spricht:
Poen!

Edle Trense! Mir auf Häkel-Einse!
Schieles Visier an Pleuels Zungenflor –
viskose Gräte mir zu fleischen Klammern
wann Phren aus surren Schlünden spricht:
Poen!

Parehte Wanda, Öhrenschneide, 78
bist noch so jung mir zwischen und hindurch
gehst rasch entzwei – doch reiß die Luft zusammen
wann Phren aus surren Zwickeln spricht:
Poen!

Zur Rechten acht und neun zur Linken
sieht Konstruktionsmaschinen man in Watte
umfragen vor Wandas Eben-Geist
wann endlich Phren aus surren Töpfen spricht:
Zoen!

O Wanda, Lichte, mir in Phlogiston entgegen
wie lappt es mich dem Süßstoff-Auge fixiert
halb Farn-Einheit und halb Embolie (zivile)
wann Phren aus surren Sinnen spricht:
Gottfried! August!

O Poen!

Oder nimm: das Kochen, das Essen; die Auskörnung und die Einverleibung; der Metabolismus (Stoffwechsel) als forensische (öffentliche) Kinematik oder Metaphorese im Dunstkreis des Lebens: Einfuhr und Ausfuhr – die zweierlei Gnaden. Das Atmen der Sprache beim Zubereiten – Speise als Sprachwerdung, auch so eine Metapher.

Ja schon die Vorspeise besteht aus appetitlichen Phantasiewörtern, den Gaumenkitzlern oder Lockrufen. Diese ermöglichen es der folgenden Hauptspeise, in einem Kontext zu stehen und, mit handfesten Beispielen aus dem pflanzlichen und tierischen Bereich aufwartend, ihren das Abstraktionsvermögen betreffenden Lernzielen vielfältig gerecht zu werden. Die Auxiliare der Hauptspeise, eine Menge Flüchtigkeitspartikel oder Geschmacksbildner, unterstützen die peristaltische Einverleibung der Begriffe, kurz ihre Individuation. Die Hauptspeise wird von Urlauten begleitet. Dazu werden Jahrgänge kredenzt. Je belesener der Speiser, desto erlesener die Länder- und Völkerkunde, desto sinnlicher die historische, desto historischer die sinnliche Erfahrung, eine wahre Enzyklopädie. Die Nachspeise endlich serviert in der Regel Persönlichkeiten des Kultur- und Geisteslebens, aber auch Staatsmänner, berühmte Räuber,

Domherren, Sänger, Köche, und schöne Damen, die alle auf der Zunge zergehen. Insgesamt zehren Vor-, Haupt- und Nachspeise vom nominal-agglutinierenden Wortschatz und sind dem oralen Stil zuzuordnen. Sie dienen der Unterhaltung des Wissens.

Und dann die Stulle im Palmengarten, bloß ein Säuseln, ein Wippen. Es ist eine himmlische Stulle, die durch die Anlagen geht, von Niemandes Widerspruch bemundet. Im Rosenwinkel, in sich gekehrt, wo sich die Jagdwurst befindet, lustwandelt einsam die Stulle. Sie erholt sich von der nimmersatten Großstadt, sie spannt einmal richtig aus. Keine Umwelt weit und breit. Schamhaft, mit sanftem Geraschel, reproduziert, ja regeneriert, ja entwickelt die Stulle ihre Ureigenheit: balsamisch, herzhaft-würzig, ein Hauch von Lauch. Die Palmen wiegen sich. Ach, wieder Jahreszeit, Jausenzeit. Zwei Zitronenfalter ... sie landen! Gefräßige Stulle.

Bald riecht der Schnee verdächtig nach täglichem Eifer, bald ist Fleisch ein mittleres Salär in einem Brotbergwerk. Auch Wort-Surrogate erhalten das Wissen, ein langwieriges Wintermärchen.

Denn vom Standpunkt der Esser ist Essen etwa das gleiche wie für die Leber das Leben oder für Hölder die Oden. Sachen der Körper. Essen ist in dem Maße vorhanden wie der Denker den Dingen, der Töpfer dem Topfen (...) Ohne den Esser kein Essen. Wo Ärger und kälter, da Omen et Nomen, Barbarer und Bananen. Denn vom Standpunkt des Essens sind Hunger und Lacher zwar Entbehrer, doch Kommerer mundimorpher Endungen, hörnt, hörnt! Ohne Essen sind Esser aber bloß Esser ohne ihr Essen, Kummer ohne Kümmel, item est: Esser sind Optimister. Sie sind Besitzer italienischer Salatblätter, große Versteher: »Essere al verde«! Wo Esser ist, muß Essen sein. Sterben ohne Sterber, wo ist?

Dann wiederum steht schon allerlei Günzeug in Taschen & Beuteln ins Haus; das Tragen von Natur in dehnbaren Geweben, die Immortellen-Euter sind im Kommen, der neue Katalog ist da! Wer ist lückenlos. Ich bin gerne nicht lückenlos, schief ausgerupft, in dehnbaren Begriffen. Läuche und Schläuche, etliche Arten von Häretik, die Lappen und die Knollen, alle nur denkbaren Auswüchse. Heißt Grünspan im Grunde Plastik? Oder Bast? Oder etwa gar Holofernes? Das hat dir der Grüne gesagt, das hat dir der Grüne gesagt; der Spaßfink! Ja, der Frühling ist da. Gewöhnlich zeitigt sein Schleppen in Mittagspausen von Anstalt zu Anstalt bargeldlose Unklarheiten, die Trägerfunktion betreffend, eines Finders, eines Rupfers, eines Soßenkochs. Er kann ans Problem herangehn wie er will, die Sprache generiert unentwegt, petersilienähnlich, Idealismus. So wandert das Abgewachsene in Taschen und Beuteln bloß unter Fichten und Lärchen. Solche Sanatorienhöfe sind dann die Brutstätten jeglicher Erlaubnis. Man darf sogar vom Tod reden, als seien die Grünzeughändler Engel, es ist wie ein See mit ziemlich viel Mitte.

Was ich angesichts und eingedenk wie ungeachtet aller Formation in Hungerjahren sagen wollte: Lebensmittel sind die Texte wie auch alle Texter die mich sprechen; im Hinhorch koche ich, die abgefeimte Nase kostet mich aus und kotzt mich an; selbst den Text von 1976 hat

Mölln geschrotet – angebrannte Vokabeln stiefeln am Tropf; in Scheiben geschnitten schmeckt die Zunge trutzig bis Mitternacht; in Lappen verdaut ledern bis flandern. Jetzt erleben wir gleich einen kalten Aufschnitt, eine Art Pelz-Irritation, die Saugnäpf einzeln zu Berg, die Poren zu Tal, es bleibt nicht beim Geschmack. In haarscharfe Scheiben geschnitten übt die Zunge eine Zensur aus, da Diät, hie Diot. In der Mitte liegt holdes Bespeicheln.

Alberne Sinnenhaft löffelt mich wie den Text zusammen, und rülpst, und sagt:

Die Suppe war einmalig, deswegen hatte sie auch kein Rezept, dafür ein Zustandekommen. Sie wurde gebraut. Erlaubt war alles, vorausgesetzt es kam etwas Suppiges zustande. Leitbild schien also eine gewisse Löffelbarkeit gewesen zu sein. Schusternägel, Styroporschrot und winzige Glühbirnen, zu gleichen Teilen gemischt, ergaben bald ein sauber gleitendes Süpplein. Andere Ur- oder Grundsuppen, in denen das fließende, das schöpferische Kriterium den Ausschlag gab, waren aus gasigen Zellen und geschmolzener Schwermut legiert. Die Phantasie läßt Spielräume zu, die Suppe füllt sie.

Klar – die Spielräume des Zubereitens sind selber Kondition des metaphorischen Lehmkloßes oder Sprachvermögens, das ihm im Halse steckt, innen wie außen. Der Hals im Knödel. Das ist keine Metapher sondern Sachverhalt Sprachverhalt, wohl und übel Mordnilapsuspalindrom, daß er abschnurrt wie er abschnurrt. Wo er so heißt wenn ich sage: »Ich habe Johann Nestroys Zivilisationsgroteske vom Häuptling Abendwind oder dem greulichen Festmahl bis auf die Knöchelchen abgenagt, die meine Knöchelchen sind. Denn die reale Menschenfresserei (Anthropophagismus) ist eine vom Standpunkt des Menschen auf sich selbst bezogene Art des Verzehrs, die im Mund, also mit der Zunge oder Sprache beginnt, im Zwerchfell sich umstülpt und an den Extremitäten endet, also ein palindromitischer Vorgang der Einverleibung und Entäußerung, kurzum ein Text, der mit sich hadert, nicht metaphysisch, sondern tatsächlich, also vom Anfang, der schon sein Ende ist, über ein dubioses Scharnier zu einem Ende, das schon im Anfang war, das Wort. An sich ein verzweifelnder Vorgang der Rücksicht auf der und auf die Zeitachse, die ja nur in einer Richtung läuft, eine entsetzliche Geschichte mit Südseezauber im Abendwind. Wer im Kessel sitzt, kennt das Scharnier. Noch hängt die Syntax in Fasern dran. Das sind die Palindrome, an denen sich Sprecher noch einmal aus dem Schlamassel ziehen.«

Alle Städte mit A; im Walde blüht der Seidelbast, im Graben liegt noch Schnee; wann war der 30jährige Krieg; was ist ein Binom; hat die Welteislehre recht; fein geschroten und in Stücken – auf dem ganzen Tisch herum, stumm; der Unterschied zwischen Korpuskular- und Wellentheorie; Toccata und Fuge; man nehme, man schlage, man backe; sein blaues Band; Chronos, die Kinder verzehrend – Minkowski? oder Goya? oder Bergson?; reiten reiten reiten; von Klippe zu Klippe; Quax, der Bruch; wenn es knistert vom Heiderauche; der Turm der blauen – 13 Stühle; und was das bedeutet wissen Sie genau; Ferien vom Ich, drei Männer im Schnee, Stalingrad-Plivier, Feuerofen, Kühlpsalter; wo der Wind sie hingetragen, ja das weiß kein Mensch zu sagen; Neues

von den Wurzelkindern; und unsern kranken Nachbar auch.
Montage, Collage, Potpourri – das Listengedicht als mystische Zusammenschau von Vergewisserung und De-poration, Nüchternheits- und Überlebenstechnik. Quirinus Kuhlmann, 1651-1689, nachgelesen:

Auf Nacht / Dunst / Schlacht / Frost / Wind / See / Hitz / Süd / Ost / West / Nord / Sonn / Feur / und Plagen
Folgt Tag / Glantz / Blutt / Schnee / Still / Land / Blitz / Wärmd / Hitz / Lust / Kält / Licht / Brand / und Noth:
Auf Leid / Pein / Schmach / Angst / Krig / Ach / Kreutz / Streit / Hohn / Schmertz / Qual / Tükk / Schimpff / als Spott
Wil Freud / Zir / Ehr / Trost / Sig / Rath / Nutz / Frid / Lohn / Schertz / Ruh / Glükk / Glimpf / stets tagen.
(...)
Was Gutt / stark / schwer / recht / lang / gross / weiss / eins / ja / Lufft / Feur / hoch / weit genennt
Pflegt Böss / schwach / leicht / krum / breit / klein / schwartz / drei / Nein / Erd / Flutt / tiff / nah / zumeiden (...)
Alles wechselt; alles libet; alles scheinet was zu hassen:
Wer nur disem nach wird-denken / muss di Menschen Weissheit fassen.

Nachdenken – ein Vorgang.

Schluß, vorläufig, für heute. Ich danke Ihnen für die Arbeit am Text.

Zweite Vorlesung

Text, gelesen am 18. Januar 1994

Meine Damen und Herren, daß es, guten Abend, »eine Sprache geben mögte worin man eine Falschheit gar nicht sagen könnte, oder wenigstens jeder Schnitzer gegen die Wahrheit auch ein Grammaticalischer wäre« – herrlich nicht auszudenken, dieser prospektive lichtenbergsche Konjunktiv; Wunschseufzer und Stoßgebet in einem; zitiert aus einer Sammlung – Untersuchung – seiner Konjunktive.

Was mich auf die Frage nach der Grammatik und Syntax von Eigennamen bringt: Albrecht, der Schöne? Kluge, der Wahrig? Diesel, das Dergl? Wodan –

SO FRAGEN
auch andre wo könnten
Postillen so fragen
wo könnten Vaganten
Vogesen so sagen
wo danken Halunken
dann so wo winken
Mantillen wo tanken
Semanten Vokabeln
Walküren womöglich
flamboh

– oder, zur Rechtschreibung, wie man so hört:

ICH DIE
du den
be treu
schau was
die amtl
rechts
schrei bung
sprich peng
geh wer
und lei
stunx schau
was raus
kompt na
ich du
den die

Abgesehen von dem gebotenen Respekt, wo es ja um eigennämlich achtbare Personen geht – und auch vom Witzekel, der sauer aufstößt, wenn ich trotzdem in Pointen patsche, die ich nicht zu Ende denken will, weil dort Adam, der alte Stalin in der Sprache so richtig generell hockt und sich dazu geistreich gibt, abgesehen davon also kann ich davon nicht absehen, daß – bin ich nur konsequent – alles zur Eigennämlichkeit gerät, sobald ich wörtlich nehme was der Klang ist, also der Fall. In Hall & Widerhall der Knall & Abfall von der Hierarchie, die Gleichberechtigung der Teile, parataktisch der Aberwitz in Wortschatz & Gleitschutz-Grammatik –

der habicht und das bistum

der borsig und der wirsing und die dohle
die duse und der kürbis und das wimsal

und kein binding und kein irkutsk und kein hastings
und kein isthmus und kein imbiß und kein bambus

aber die dosis der fidus das zinkbad der hase
die wendung die dämpfung die dünung die seegurke
und ein kelim oheim und ein olim behaim
und ein achim schneeschaum und ein habib basra

ein geza fakir hasdrubal
semipalatinsk hemispheroidal
ein teddy ein tandem ein butan ein hatem
ein embryo ein desdemon
ein lanolin und randalier
ein item pubis doderer –

(...)

drum wahrig esra bismuth wodan bovis
drum basta thespis habspurgator mispel dakar
ein wenig erzerum ein wenig heulikon-upsala
ein maastricht emden-hamburg-wastopol-zistanbul
ein bistro irving schichtung besenpresenteuch
ein quasi odenquas-hettamon-metaboom –
hund hafer kein morbus kein barfuß kein kasimir
kein estragon hürdenweich asti-spum
kein euchlam-tier kein ante
und kein imbus –

nurejev ach
null amboß

(...)

und lydien und jaguar und habitustra-eskapaden
und würmelei und areal und irgendein und schnabelpaar
raps tibia raps enzian

raps rautiphar

(und hesperaps und rasperaps
und batterie und hysterie –)

phi anstwo
turbis merle

raps rapstwo

Auf den ersten Blick: ein Reihungsmuster, eine Auflistung bekannter und weniger bekannter Wörter und Namen, ohne ein einziges Prädikat. Sieht man näher hin, d. h. hört man leibhaftig, wird die Liste zu einem recht wusligen, hin- und her tätigen Pilzgeflecht – ein Myzel, oder Scharmützel, von global gestreutem Reiz: habicht & bistum.

Wie *haben* und *sein* wie *ich du er sie es* usw. wirr und gar nicht so irr in der Geographie scheinbarer Namen, also der Geschichte scheinbarer Dinge, sich widerspenstig zur Schulgrammatik – ohne die sie keine Eigennamen bzw. Dinge wären – verhalten: interferierend nämlich, ein relationales Geflecht ständigen Umlernens – aus der Funktion in den Sinn, aus dem Sinn in den Namen; und zurück; und sukzessive sowieso noch anderswie vernetzt. Physiologisch? Fuzzy-logisch? Hier mal eingeworfen. Wie Trägheit und Neugier.

Wahrscheinlich sind funktionale syntaktische Figuren zählebiger als die Wörter mit ihrer nominalen Aura. Oder »alberner«, weil sie sich krampfhaft an ihr umfassendes »Verhältniswort« erinnern wollen, das es nicht gibt, weil sie es zum Teil selber sind.

Was die Wortarten betrifft – vor dem Ohr sind alle Wörter gleich. Nurejew ist Nurejew. Fastenzeit fast Endzeit. Hauptwörter können verben – mit v natürlich – und Eigennamen sich desgleichen. Was tut er?

mit orangen blutorangen
robert walser durch den schnee
albert mit schubert wie
mit fremden organen herum
sie nässen quellen beiden auf
gellen pfeifenrestauratören
bis ihre schuhe sie zerlaufen
und männern sie mitkalben
durch nässende orte und wal-
zerleben wo jemand sie mit
schnee robert und die
bluten saugen sich voll

Dort an der schlimmen Grenze des Kalauers, wo die Osmose stattfindet, getränkt mit Erschrecken, daß zufällige Formen kein Zufall sein könnten, daß natürliche syntaktische Funktionen so plötzlich etwas wie Epiphanie im Falschen, d. h. im Feilschen eines Rätsels um die Gunst (oder Kunst) des Staunens aufscheinen lassen, die »ab jetzt« nicht anders und nicht wegzudenken ist vom Gebilde im Ohr, das wiederum nicht auf Gedanken reduzierbar wiederholbar ist, also ist – das relationale Unding.

Denn Böhmen liegt in Finnland. Denn

an den phonemen von yemen
die an jenen kinnen terzinen
bilden und schimären hin-

latrinen oder binnenthemen
denen sie abhanden schwimmen
indien bis anden abgewinnen

tieren in intermittierenden
idolatrien deren mähren an
jenen die in die ahnen von

schemen sich dehnen oder an
jäh hinsichtenden lehnen bis
hungen die von dannen finnen

(vokabeln vignetten? vitriolen wanderdünen? vaselinen die pullover den verbenen? nein – sibirien)

Wenn ich nun aber sogenannte *Schreibverfahren* willkürlich austranchieren sollte – aus den diversen »Projekten« in denen sie gehäuft, und als Motor, zum Tragen kamen – und die mit ihren Buchtiteln, zumindest in meinem Kopf, längst zu Namen für eigenständige literarische Gattungen geworden sind: Gedichtgedichte, Hörichte, Fleischeslüste, Wechselbälger, die krimgotischen Lieder und Randphänomene, all die Tinnitusse und Sonetburger, Gimpelstifte & Vokalisen; geschweige denn die traditionell benannten Anagrammgedichte, Kopfnuß-Januskopf-Palindrome und schließlich die kleine Kunstmaschine der Sestinen – so müßte ich zusammenfassend auch sagen: Mit den Projekten, ihren Schreibverfahren, ja mit ihrem Namen haben sich gewisse poetische Umgangsformen, Fertigkeiten, Fähigkeiten herausgebildet, die, nicht bloß abrufbar, sondern eigentätig weiterwirkend auch in späteren Projekten dann immer wieder mitmischen.

Zum Beispiel das Aufknacken von Wörtern und Wendungen in Bedeutungsklumpen von unbestimmter mittlerer Größe (sozusagen ein molekulares Cracking) und dann Zusammenfügen in irgendwo stupenden, aber exotisch einleuchtenden neuen semantischen Verbindungen hatte ja noch in Bukarest zaghaft begonnen, war »Vom Sichersten ins Tausendste« gelangt, hatte sich dann in der Arbeit an Chlebnikov – mit ganz anderen Parametern – orgiastisch ausgeweitet und ist auch seither, wenn ich etwa an die Sonetburger oder die Palindromgedichte denke, ein maßgebliches Movens gewesen.

Auch die permutative und viel engmaschigere Buchstabenalchemie (also ein inframolekulares Cracking) der Anagrammgedichte von 1984 wirkt seither, bewußt und unbewußt, bestimmt in vielen Einzelfindungen fort.

Oder die (nun ganz weitmaschigen) logisch-syntaktisch registrierten Webmuster, irgendwann einmal in den Gedichtgedichten auf meine Weise durchexerziert als Beweisführung für und gegen die Absurdität, daß Sprache überhaupt zu Bewußtsein kommt – wie könnte ich seither (Kafka und Kleist sei Dank!) ohne dieses Training, Logelei genannt, noch denken? Oder gar wöchentlich das Zeiträtsel um die Ecke zu lösen versuchen?

Und noch was wäre herauszustellen: Wie die Projekte nie Projekte geworden wären ohne das Aufbegehren gegen die Regelhaftigkeit selber wie gegen die teleologisch ausgerichtete Eigendynamik im Projekt – zusätzliche Spielregeln mußten her, widerborstige Einschränkungen der Machart; oder sie perfide auf die Spitze treibend.

Wie in diesem Sonetburger, der das Sonettschema der 14 Zeilen (ABBA BAAB CDE usw.) hypertrophiert, indem er jede einzelne der auf je 14 Buchstaben begrenzten Zeilen nach dem Sonettschema auffahren läßt:

assa saas blu ulb
boob obbo gir gri
kook okko pis pis
appa paap zur ruz

noon onno kni ink
adda daad luf flu
alla laal ubu bub
dood oddo mit tim

fefe efef rür ürü
mama amam ter ret
spel leps udn nud

kaka akak kel elk
term trem ümü müm
lada alda nku unk

Mit 14 x 14, das sind 196 Buchstaben, haben Sie jetzt 14 Sonette und dazu, im ganzen, das 15. gehört.

Dichter geht's nicht. Oder?

Kurzer Abriß – kratkij kurs sonneta.

Nur könnte man – trotz solcher Beispiele – die Machart, das Verfahren, die Schreibweise bzw. Lesemethode niemals »rein« (»destilliert«) haben oder gar beschreiben. Sie ist immer in diesem Text anders als in jenem. Denn die generelle Unsauberkeit der Sprache, diese Verschmutzung und Verschmutztheit im Hintergrundrauschen (das, nebenbei gesagt, für mich dann die Tinnitus-Metapher ergab) ist nirgendwo gleichmäßig verteilt. So wie die Zeit; oder weil es deshalb Zeit gibt. Im einzelnen Text bricht sich das Verfahren anders an den Wörtern und die Wörter anders am Verfahren. Konkrete Wirbel. Seltsame Attraktoren. Das Begriffs-Arsenal der Chaostheorie geistert hier herum und macht es möglich, daß ich sagen kann: Nein, es gibt keine allgemeine Grammatik – jeder Text schafft sich seine eigene.

Man kann ja eine »Paradiessprache« suchen, aber das Hintergrundrauschen im Suchen gehört zu jedem Sprechakt. Wie sollte man anderes anders suchen. Aus der Unsauberkeit der Sprache kommt man nicht raus; auch daher der Wunsch, sie anders zu handhaben.

Meine Verzweiflung (oder »Bifurkation«) dabei: ich durchschaue das Unwesen solcher abstrakter Begriffe, messe mich aber, indem ich denke, an ihnen; die Sprache, nicht der Sprecher, entwickelt ständig, spontan, in einem fort auch philosophischen Idealismus – es gibt kein materialistisches Denken »pur«.

Doch das gehört dazu, sehr *wirklich*, sehr konkret. Und das Gewicht der Sprache nimmt durch die Medien immer mehr zu. Wenn es ein Programm zu formulieren gälte, so wäre dies sein allgemeinster Nenner: Leser oder Hörer hellhörig machen für Differenzierungsmöglichkeiten, damit jeder zu seiner eigenen Sprache findet, um nicht auf Hüte, die angeboten werden (von Ideologien und deren Medien und, notgedrungen, auch von jedem Text, auch meinem), hereinzufallen. Wirklichkeit kann nicht trügen, nur das Bild von ihr, das über die Sprache läuft, kann trügen. Aber ist es nicht selber die Wirklichkeit? Die Frage nach der Realität ist so akademisch, wie die Form-Inhalt-Diskussion fruchtlos ist. Die Unsinnigkeit aller Dichotomien.

All das nun: wenn und wie ich sprachlich, d. h. wenn und wie Sprache ichlich »sich« herstellt – »mich« herstelle; ein Beziehungsgeflecht; nicht unbedingt verfügbar: doch verfugt: Material sozusagen.

Kraft des Materials im Herstellungsstreit (des »Lesens«, der Sinnkonstitution) mit dem Material gegen das Material für eine materiale Textauffassung (das nehm ich mir heraus) verschwimmt oder verschwindet sogar der Materialbegriff – er wird selbstverständlich. Ich kann auch sagen, ich habe einen Blindfleck fürs Material, weil ich selber Material im Spiel bin.

In der Versuchsanordnung, die mich, Baustein um Baustein, auf den Wellencharakter, sagen wir des Lichtes, abfahren läßt, verschwindet die Materie – sagen wir der Teilchen. Aber die Versuchsanordnung selber ist materiales Arrangement; ist Verfahren *und* Ablauf, also Zeit;

ist Kontext *und* Absenz von anderem Kontext, also Zitat; Präsenz (auch meine, hier) *und* Rezeption, also Verwerfung, diskontinuine Schlaufe.

Klar, immer mehr klärt sich, daß die gesamte Experimentalphysik grundsätzlich eine sprachliche ist. Allein der Konjunktiv – welche Versuchsanordnung!

»daß es eine Sprache geben mögte worin man eine Falschheit gar nicht sagen könnte, oder wenigstens jeder Schnitzer gegen die Wahrheit auch ein Grammatikalischer wäre«

Da sind wir wieder. Sind wir wieder da? Der nicht auszudenkende Ermöglichungssatz. Man müßte das und das erfinden. Und hat damit bereits das und das erfunden.

Ja gäbe es die Neugier nicht, gäbe es die Neugier nicht.

Eine kleine Kunstmaschine mit unbeschreiblicher Walze
gearbeitet, hat drei, soll wohl heißen »Stellungen«,
die zu erklären drei verschiedene Systeme in Bewegung
setzt, im Fall der Not nicht größer als eine Ursache;
einen mehr als halbdurchsichtig gearbeiteten Blasebalg
wie Raum für zwei bis drei andere Windmühlen-Flügel.

Gelegentlich wird auf dem linken Windmühlen-Flügel
ein Leib und eine Seele statuiert, wobei die Walze
auch herausgenommen werden könnte; nur müssen Blase-
balg
und die vorherbestimmte Harmonie gewisser Stellungen
in einiger Entfernung zur sogenannten doppelten Ursache
gedreht und damit etwas schadhaft stäte der Bewegung

ihrer Beinchen mitgeteilt werden – keine Bewegung
über 4 bis 5 Zoll würde damit die Windmühlen-Flügel
zerreißen, desgleichen könnten Einfluß und Ursache
einer stäte fortblasenden Ameise die kostbare Walze
erklären aus anderen 2 bis 3 physischen Stellungen
der Kurbel zum dazugehörigen kostbaren Blasebalg.

In einiger Entfernung, nicht größer als der Blasebalg,
wäre, aus feinstem Horn, gelegentlich jene Bewegung
zu erklären; wie im Fall der kleinen Not die Stellungen
der sogen. »Schraube ohne Ende« zum Windmühlen-
Flügel
(d. h. befestigt am Einfluß der Systeme auf die Walze)
herausgenommen werden könnten aus der langen Ursache

des mitgeteilten Werkes (soll wohl heißen der Ursache
in einiger Entfernung) – nur müssen auch dem Blasebalg
ein Leib und eine Seele herausgenommen und der Walze
dazu unter gelegentlich halbdurchsichtiger Bewegung
aus etwas schadhaftem Elfenbein ein Windmühlen-
Flügel
statuiert werden, für sogen. »doppelte Stellungen«.

Demnach würde an 2 bis 3 vorherbestimmten Stellungen
eine Goldschläger-Haut zerreißen; mit keiner Ursache
gedreht, nicht größer als ein großer Windmühlen-Flügel
setzten drei verschiedene Ameisen den kleinen Blasebalg
ins Horn und die Entfernung schadhaft stäte in Bewe-
gung
zum Zoll aus der bekannten Harmonie der langen Walze.

Gelegentlich wird auf dem linken Windmühlen-Flügel
eine Schraube und ein Horn statuiert, die sogen. Walze
geblasen; nur hat die Kurbel dann keinen Blasebalg.

Ein höchst merkwürdiges Stück. So heißt diese Sestine auch.

Was Sie zwar nicht sehen konnten, aber doch gehört haben: daß so eine Sestine ein relativ »langes« Gedicht ist – 6 x 6 + 3, also 39 Zeilen; mit insgesamt aber nur 6 ganzen Reimwörtern am Ende der Zeilen, in einem streng verschränkten Abfolgerhythmus; daß die Sestinenform – sie stammt ja noch aus der Zeit der Troubadourdichtung – selber so eine kleine Kunstmaschine sei wie die Entstehung von Gedanken beim Denken im Kopf; etwas wie ein generatives Paradigma, in dem sich die Entstehung und das Material »höchst merkwürdig« umarmen und weiterführen »möchten«; *Experimentalphysik* also, die ja auch bei Lichtenberg eine *sprachliche* ist – zu leisten nur, indem ich es versuche.

Kenner haben gewiß den anderen kleinen Lichtenberg-Text erkannt, aus dem ich mir die Lieblingswörter und Lieblingswendungen holte, aus denen die Sestine gebaut ist, und zwar die Nummer 25 aus dem »Verzeichnis einer Sammlung von Gerätschaften, welche in dem Hause des Sir H.S. künftige Woche öffentlich verauktioniert werden soll« – so wie das Verzeichnis, nach einer englischen Vorlage gearbeitet, seit 1798 auf Lichtenbergisch vorliegt.

Blindlings griff ich dann vor gut zwei Jahren nach diesem mir seit der Mitte der Siebziger Jahre von der Arbeit am Nachwort zum URMUZ vertrauten Text (URMUZ, 1883-1923, Urvater und Urphänomen aller rumänischen Avantgarden, dessen »Gesamtes Werk« – 9 kleine Prosastücke und 1 Gedicht – ich damals übersetzt hatte) eben weil der besagte Lichtenberg-Text dort schon, im Nachwort, mit anderen Junggesellenmaschinen (etwa Raymond Roussels gefräßiger Handramme) in meinem Kopf bereits herumgeisterte als spezielles Lichtenbergmaschinchen vom Typus Odradek.

Dies der Kontext. Fragen Sie jetzt aber nicht, nach welchen Kriterien ich meine Lieblingswörter und -Wendungen in Lichtenbergs Auktionstext fand und zusammenklaubte; Sympathie braucht keine Begründung. Jedenfalls »brauchte« ich 6 für die sich wiederholenden Reimwörter, alle übrigen für das gesamte Fleisch der Strophen und den dreizeiligen Abgesang. So daß die »Walzen« und »Positionen« und »Windmühlenflügel« nun immer wieder strophenübergreifend greifen – von Zeile 6 zu Zeile 1, von 5 zu 2, von 4 zu 3, und so weiter, im Vorherigen bereits potentiell das Folgende knackend – und die »Schraube ohne Ende« als Gedanke auch nach 39 Zeilen kein Ende findet: kein Wort von mir darin – ein höchst merkwürdiges Stück eben.

Die Sestinenform verdanke ich übrigens Harry Mathews aus der Werkstatt für Potentielle Literatur, OULIPO, die Abkürzung von »Ouvroir de Littérature Potentielle«, eine lose Autorengruppierung, unter ihnen oft Mathematiker und andere Wissenschaftler, die mit einschränkenden Regeln die unwahrscheinlichsten poetischen Texte hervorbringen … Leute wie Raymond Queneau, Georges Perec, Italo Calvino, Jacques Roubaud und Michèle Métail – um ein paar Namen zu nennen, die auch hier bekannt sind (oder einer gar in Person vor Ihnen steht) – gehören und gehörten zu ihnen. Wie Harry Mathews eben, der, in Berlin zu Gast, mir einmal die Sestinenformel auf einem Stück Papier skizzierte: 615243.

Denn mein Impuls, Lichtenberg mit Lichtenberg nach 250 Jahren in einer autopoetischen Versuchsanordnung hinterrücks zu umarmen, kommt ja einer neugierigen Vorwegnahme, die einer solchen Katachrese doch, verdammt & bitte, innewohnen möchte, könnte oder sollte, falls nur die Schnitzer richtig säßen, dermaßen entgegen, daß sich das Sestinenparadigma geradezu zwingend, d. h. aus schierer »Lust & Lagune (lateinisch lacuna)« als Modell für das Zustandekommen des Gedankens im Kopf »schlechthin« anbietet, ich sagte es schon, und es doch möglich sei, jenes bessere, genauere »Verhältniswort der Dinge zueinander«, das mir wörtlich nicht bekannt ist, als diesen ausgedehnten ungesättigten potentiellen Vorgang herzustellen, mit dessen Konjunktiv die Lichtenbergschen Denkfiguren immer noch zugange sind, wenn es in unserer Grammatik bumpert und knirscht.

Schlechthin, natürlich. Eigenmächtig, d. h. ständig falsch rückversichert ins bereits verschoben Bestehende eingreifend (was wäre 615243 denn anderes?) rollt die Sestine sich auf – von falschen Enden zu unmöglichen Mitten hin, die sie zu den nächsten weiterführenden Windmühlenflügeln knackt und aufreiht: Fast ahnten wir ermöglicht auch jenes Knirschen und Bumpern der Geschichte im Aufrollen von »später« zu »früher«, von »folglich« zu »vorausgesetzt«, von »inzwischen« zu »indessen«, von »weil« zu »also«, geschweige denn vom »da« zum »damit« – das nämlich, alter Witz, wäre Dynamit.

Sestinisch aufgedröselt wappnet der Gedanke (Eine kleine Kunstmaschine usw.) mich gegen jede Art von Teleologie. Hoffentlich.

Ein Seufzerstoß, ein Vektor. Seine schlampige Kondition, seine opake Ausgerichtetheit. Sein Fadenschein im Witz aus dem Beweggrund – oder doch Beweisgrund? Mit anderen Worten: Die Erfindung der Melancholie aus dem Geist der Experimentalphysik. Das Klangmaterial und seine Bedeutungsmusik. Das Phonem und das Graphem. Die Geste und der Hyatus. Die jeweilige Jeweiligkeit von Versuchsanordnungen. Diese Textgenese als Schlachthof, diese Spielregel als Freiheit, dies Untersuchende als Untersucher.

Von Wippe zu Wippe, von Klippe zu Klippe.

Beim Hören von Musik wird nämlich im Ohr Zeit freigesetzt: das Ohr produziert Freizeit. Auf dieser Erkenntnis beruht das Ohren-Leasing, ein blühender Dienstleistungszweig. Die also mit Hilfe von Leih-Ohren erzeugte Freizeit kann gespeichert werden, z. B. auf Band, wodurch die Summe der Freizeit ständig zunimmt, denn nichts geht verloren. Allein im Vorjahr wurden im Weltmaßstab Freizeitreserven im Umfang von 350.000 Musikjahren zurückgelegt – man bedenke! Die schwierigsten Freizeitprobleme treten dort auf, wo die Leih-Freizeit kein Gehör findet, weil das Ohr, das sie erzeugen könnte, verliehen wurde und anderswo Freizeit freisetzt. Leihen Sie Ihr Ohr der Musik!

Das Aufkommen einer Freizeit hieße ja auch, daß weder vorher noch nachher jemand über sie verfügt. Sie wird abhanden gegangen sein so wie sie abhanden gekommen ist – nicht weil sie verkommen wäre, sondern weil sie so und nicht anders in die ganz besondere Irre vergeht, aus der sie entstanden ist, ein Text.

Wie Sarastro, so Garonne.

Wenn das die Lange Weile ist, so, denke ich, stelle ich nichts als Lange Weile her, Texte auf Zeit, die einfach fehlt, weil man sie dort nicht zerknüllen und hier wegwerfen kann – dann müßte ich ja über sie reden können; doch wer kann über was reden wenn es mir nicht mehr abhanden kommt weil sie ja nicht vergangen ist.

Sobald sie sich nämlich thematisiert, verzehrt sie sich; die Zeit nach der Zeit; sie ißt den Leiermann auf; bedingt unbedingt.

wenn es sie nicht gäbe
wo es sie nicht gibt
weil sie es nicht gäbe
wenn es sie nicht gibt

nicht auf diese weise
weil es die nicht gibt
die es so nicht gäbe
und nicht anders gibt

weil wenn es sie gäbe
da es sie nicht gibt
es sie nur so gäbe
die es nicht so gibt

nicht auf diese weise
nicht in diesem sinn
wo es vieles gäbe
und es viel nicht gibt

weil sie dies nicht gäbe
weil es dies nicht gibt
weil es diese weise
nie auf diese gibt

Zu diesem leicht »schwimmenden« Zeitgebilde, wie ich meine (und zwar auf der Oberfläche einer Winter-Reise-Struktur), nun gleich ein streng palindromitisch gearbeitetes; also potentiell auch rückwärts lesbares. Eines, in dem die Lesbarkeit unter der Bedingung »ganze Wörter als kleinste unumkehrbare Einheit« zustandekommt. Ein Fragesatz zunächst, der irgendwo umkippt. Irgendwann – ist es in dieser Linearität auch wirklich die Mitte? – läuft das Scharnierwort »entlang«:

liest sich irreversibel die zeit sozusagen selber aus palindromitis? oder wer ist es nachher oder vorher mit oder ohne befugnis, der über dennoch orientierung verfügt? und wahrscheinlich unterbietet. es sei erinnerungslos und vorstellungsfrei, was aber niemand sagt. darum paßte es keineswegs nur syntaktisch. nicht schmerzensgeld etwa oder haftentschädigung – bloß relation. gegen unbestimmtheit lesen wir zu schnell, damit im rückspiel klappt, was sonst vorgang heißt. auch ein gewisses knicken oder sätze, die silben stechen, wo es entlang geht. übrigens geht *entlang* es? *wo* stechen silben die sätze (oder knicken gewisses ein)? auch heißt vorgang sonst »was«, klappt rückspiel im »damit« schnell zu. wir lesen: unbestimmtheit »gegen« relation, »bloß« haftentschädigung, oder »etwa« schmerzensgeld. nicht syntaktisch nur, keineswegs. es paßte. darum sagt niemand aber was vorstellungsfrei und erinnerungslos sei – es unterbietet wahrscheinlich und verfügt orientierung dennoch über der befugnis, ohne oder mit vorher oder nachher. »es« ist wer »oder« (palindromitis) aus selber, sozusagen, zeit, die irreversibel sich liest

Wie linear ist Linearität überhaupt? Wenn, überlege ich, sprachlich Lineares in ständigen »Rückkoppelungsvorgängen« passiert (wobei die »rechte« und die »linke« Gehirnhälfte über ein Scharnier – welches? – sich – in welcher Richtung? aktivieren und inhibieren, ausrasten, einrasten) werden Erinnerungsmomente wohl neuropalindromitisch ausgelöst bzw. produziert: Bewußtsein kommt auf als Sprachvorgang, Linearität läßt sich, wenn auch eingefärbt von der Eigengesetzlichkeit, mit der die jeweils angenommene Kleinsteinheit vorgeht, aber doch denken. Wann unterwegs, das ist die Frage, kommt unerkannt kein unerkannter Rekurs auf mich zu?

Denn wahrscheinlich funktionieren sprachliche Elementarteilchen dann und dort und deshalb, weil und wo und wenn sie willens sind, keine Zeit zu sein oder zu brauchen. So wie Linearität ja nur ein Wort für Zeitlichkeit ist, so ist mir die Unzeit der Kleinsteinheiten eine Hypothese für ihre zeitliche Anderswärtigkeit vor oder hinter dem Scharnier des Palindroms – ihre »Aufenthaltswahrscheinlichkeit«.

Ohne Sprache keine Zeit.

Und: andere Sprachen – andere Zeitvorstellungen.

Aber, um aufs Wort vom »Schwimmen« zurückzukommen: Im Kopf, doch fast wie neben mir – das Bild von einer »Zeit«, wie sie »fließt«; wie ist das nun. Woher dies unumkehrbar Fließende im Bild? Wem fließt, was nicht zu Gebote steht, wann wo durch. Und wie? Von gestern ins Heute, von hierjetzt nach Morgen? Oder aus dem was kommt in das was ist zu dem was war. Oder gewesen wäre? Dumme Frage. Unwiderbringlich dumm, weil (oder seit) ich sie stelle. Sprache macht Halt – und macht halt manches möglich, das ungefragt nicht wäre. Nur, wenn ich sage A B C D B C A – tut das der Zeit etwa weh? Habe ich sie gegen ihren Strich gebürstet, wenn (oder weil) das Alphabet seine Richtung verläßt und sich erinnert? Schert die Zeit sich überhaupt um meinen Text, der sich doch offensichtlich sehr um sie schert, indem er sie zu ignorieren, ja zu tilgen trachtet? Für wen halte ich mich, da sie, so demonstriert mein Text, unbeirrt weiterfließt, oder plätschert, oder weißgottwas. Wo ich sie packe, läßt sie mich auflaufen. Wo sie mich packt, klammere ich mich fest, und aus: sie kann die Wörter und die Silben nicht schlucken, wir bleiben uns im Hals stecken, sie stopft mir ihren Finger in den Hals – schon würgt sich was raus, bis hin wo nichts war vor dem Anfang, kein Wort, keine Zeit: eine Bescherung! Was weitergeht, kommt unter den Hammer. Was stehnbleibt, geht über die Hutschnur: hutsch nur, hin und her, Kopfnuß Januskopf, Schnippchen und Schnäppchen gegen den Lauf der Welt, meine Hängematten, Durchhänger, Staudämme aus Schaukelsätzen, oder, bitte: widerläufig geknüpfte Haken im Fleisch der Zeit: wie man mit Palindromen Ohren wie Forellen fängt, etwas wie Vergewisserung – es gab uns doch, es gab sie doch.

Palindromitischer Spannungsbogen als »größere« Struktur.

Zeitverwerfung z. B. aber schon im Kleingeld, sagen wir logischer Prägung. Vorgänge etwa, die Gebilde sind nach dem Muster »A und B sind C« – das sind dann Keimlinge einer Verwerfung zwischen Aussage und Definition, zwischen Ablauf und Schlaufe. Und eine endliche Menge solcher Muster ergibt ein schon weniger endliches Muster. Paß auf:

Taugenachts und Haargenau sind bubenfrei; Genitiv und
Fragenichts – dauerkraus; Jumbo jetzt und Willi bald
sind Draufbolde; oh mein Kind; sind sie es?; Unter-

lauf und Oberlauf sind Flüsse; Desider und Badedas e-
benfalls; Disneyland und Donaudampf sind aber Gesell-
schaften; was sind sie?; paß gut auf; Mutterkuß und

Ladenschluß sind Kindsverdruß; Kupidus und Biskuit
hin-
gegen Euter; paß auf – Reuz und Quer sind lauter Ding-
wörter; Adebar und Abbeißbar sind Unzumut; Gis und
Fis

Puffreis; Kniefrei und Grießbrei gesund; was sind sie
noch?; sind Sinds Heuschrecken?; sind sie wer?; ja –
Pinako und Biblio sind Teekessel; Kinkerlitz und Mil-

libar – wunderbar abrufbar! Finderlohn jedoch und Zin-
seszins – manchmal Passepartout, manchmal Rasputin;
Raz-
zia und Kasein sind Triebzügler und Indanthren; Frido-

lin und Gasolin sind holzimmun; Sinds sind Sinds und Sinds; wirklich?; Codex Podex Morgenstund – Absynth
Auf-
wind Labyrinth; Kosewort und Naßrasur – Syndikat
und Mo-

saik, Feyerschall und Kuttelmund – Sund Sand Sond;
wie?;
astrein und gastfrei sind Aspik; Gulli und noch wer synthetisch; Fanny und Mandelstam sind große Europäer …

A und B sind C.

Wird A plus B, addiert, zu C? Nein.

Werden A und B, sowohl als auch, einander beigeordnet – oder gar dem C? – Nein; C wird hier erst zu werden, also einer Eigenschaft; so wie umgekehrt, aber zeitlich nicht löschbar, A und B zu seiner Eigenschaft geworden sind. Fraktale Eigenschaften, aber sie hangeln besinnungslos weiter.

Insgesamt ist das Gedicht vom Taugenachts ein Wechselbalg vom Typus »Pantoffeltier«. Es zählt und stellt Behauptungen auf, die alle miteinander Eigenschaften vom Typus »Farnkraut« sind, den wir als »Sind« bezeichnen.

Denn Newtons (sage ich mal) brockenhaft korpuskulares Weltbild »hie Subjekt – hie Objekt« ist wohl brüchig und hinüber. Wie Dur, wie Moll. Die linear tröstenden Finalitäten in Fortschritt und Geschichte – die generell sprachlichen – sind zeitlich gebrochen und stoßen abstoßend zurück. Wie andere Teleologien – das sind die mit den Ismen und dem Tum – seit langem.

Selbst die Hoffnung, von der ich lebe, daß nämlich die guten poetischen Texte der naturwissenschaftlichen Erkenntnis eh immer eine Nasenlänge voraus sind (oh ja!) ist wahrscheinlich und genau besehen auch nur ein Buckel in einem Fraktal.

Selbst das Risiko, naturwissenschaftliche und poetische Erkenntnis nicht mehr auseinanderhalten zu können, ist gar nicht mehr so sicher, wie es droht und blüht in Übergangsmomenten diebischer Emotion, wenn der kleine Drall aus dem Monstrum der perfekten Symmetrie heraus sich als Appendix entpuppt.

Selbst die Spontangenese eines Blinddarms am Leib der Falsifikation im Zuge allgemeinen Ideologieabbaus mit Hilfe ungeahnter Katachresen im Auseinanderdriften ebensolcher Chancen zur Hinterfragung des Einwegs der sprachentropischen Entkrausung angesichts des Protokollcharakters jeder Entropie ist oder hat zur Folge, bei uns zumindest, die Satzaussage.

Indem ich derlei Unordnungen herstelle, ordnen sie sich auf eine Weise, die durchaus Sinn macht – unordentlicher Sinn, mein Weggefährte, o. k.

Der Satz läßt sich verwandeln. Der Satz verwandelt mich.

Wer denkt denn da im Genitiv – und wer fällt dabei zu?

das denken des zufalls

vom löschen des durstes abgesehen
ist das hören des genitivs
der hosenträger der erkenntnis

das verleihen des ohres
die behandlung des arztes

der besuch der kalten dame
das anvisieren des anvisierten

»womit hörst du wenn ich keinen mund habe?«

das gesetz des handgestrickten im genuinen kausalat
das ursachen der wirkung im schlenkern der glieder

»hat der lattenrost noch eine chance?«

– sagt prästabil zu indeterm
(die baxer-anekdote scheint zu greifen)
dieweil die schicke saalgemeinschaft klatscht

aber das fatum des flatums
schlägt das datum um die ohren

alarmin bellarmin und determin schrupfen
lizard rennt ins verderben des glücks

das zusammentreffen ist faustisch
die ritter und wetter
balken- und wolkengewandt

vom trinken des blutes abgesehen
ist der zufall des denkens
die erfindung des apfelmännchens

»womit sprichst du falls ich dich höre?«

Gewisse Verben schaukeln eben in gewissen Genitiven; kognitives Blinzeln, o. k., meine Grammatik.

Es gibt sie nämlich. Aber wirklich nur nämlich. Außerhalb des Textes, der mich herstellt, rasselt sie durch alle Maschen.

Erst die Grammatik, die durch alle Maschen rasselt, sieht ein paar Maschen vorbeisausen, die es so nicht gibt. Man müßte sie erfinden.

An dieser Stelle, guten Abend & Aufwiedersehen, einen Dank an Arnold Pancratz, meinen Grammatiklehrer in Hermannstadt vor 50 Jahren. In einer Woche.

Dritte Vorlesung

Text, gelesen am 25. Januar 1994

Meine Damen und Herren, guten Abend. Reden hieße: Sonden vorantreiben, die, sich am Weg reibend, die Sondierung herstellen.

Von der Rücksicht auf diese Grundsituation. Sie hören zu – ich grunze stante pede. Nehme, indem ich rede, keine Rücksicht, weder auf Ihren Wissensstand von dem was ich rede, noch auf meinen eigenen Wissensstand (gleich Null) von dem was Sie beim Zuhören voraussetzen.

Dies ist ein vorbereiteter Text.

Mein Anspruch dabei (und von dem kann ich reden) ist also unverhältnismäßig offen töricht hoffend, daß Sie, ebenso wie ich, Ihren Wissensstand von dem was Sie hier erwarten (und was Sie hier erwartet) nicht parat haben, geschweige denn resümieren könnten. Was liegt das pickt – gehabte Texterfahrung läßt sich nicht zurückschrauben, beliebig abrufen oder unverfälscht in praesumptive, besser gesagt postsumptive Etappen fixieren. Das ganze Debakel mit späterer Lektüre früherer Lektüre.

Selbst wenn ich didaktisch arrogant vorhätte, Ihnen all das was ich im Grunde bei Ihnen an Kenntnissen voraussetze jetzt sozusagen noch einmal auf dem Präsentierteller auftischen zu wollen (alle meine Gänschen, schwimmend auf dem See – die Texte, die Geschichte, der Hintergrund) – die Punkt für Punkt abhakende »Exposition« wäre so schön absurd wie der Gedanke einer *identischen Reproduktion der Welt* etwa in einer Riesenbibliothek, um nicht Borges oder Stasi zu sagen. Abgesehen von allen Lücken und Auswüchsen, die rein technisch bei einer Verdoppelung doch wieder entstehen würden.

Ich setze viel weniger voraus: bloß daß Sie natürlich meine Bücher kennen – nicht besser als ich – und, in großen Zügen, mit und ohne Schlafwagen, die biographischen Stationen, bzw, die Graphik davon. Nichts ist übrigens demütigender als das Prokustesbett der sogenannten biobibliographischen Angaben (ich nenne sie deshalb freundlich »die Biobibs«), mal nicht länger als 3, mal höchstens 10 Zeilen, wie sie alle Piff gewünscht werden, mal im Hinblick auf translatorische Aktivitäten, mal eher auf Lautpoetisches, oder dann gar nach dem Muster eines Formulars. Um nicht zu sagen einer Grammatik.

Denn von all den Erkenntnisgeschäften, über die ich schlecht Buch führe, sind zwar auch viele abwesend, doch selbst die Vordrucke entbehren fahrlässig der Vollständigkeit.

Heute Morgen kam ein Brief ins Haus geflattert. Das Statistische Landesamt Berlin will unter Bußandrohung von mir wissen, wieviel Personen in meinem Unternehmen tätig sind, ob das Unternehmen Zweigniederlassungen hat, was für Güter oder Waren ich an meiner Arbeitsstätte herstelle. Nun ist freiberufliches Schreiben eine Veranlagung. Das Finanzamt veranlagt mich als

Gewerbetreibender. Demgemäß habe ich im Volkszählungsbogen mein Wohnzimmer als Arbeitsstätte benannt. In der Eisenbahn schreibe ich, falls ich schreibe, auf den Knien. Mein Kopf ist 24 Stunden am Tag mein Kopf. In den Formularen ist für diese Arbeitsstätte kein freier Platz gelassen. Dies zur Poetik der dichterischen Existenz. (27.8.88)

Das Sausen durch die Maschen. Es gehört ja nicht nur zu solchen Vordrucken, über die man sich stöhnend mokiert, bis man sie kaum mehr erkennt, weil sie sich verfeinern und chamäleonisieren lassen – je nach Aufwand oder Interessenlage der Versuchsanordnung – sondern immer auch, wie der rote Faden meiner Verzettelung hier, zur entsetzlich grunzenden, d. h. grundsätzlichen Verschmutztheit von Sprache & Denken, diesem Hintergrundrauschen der Befindlichkeit. Die Natur. Das Bewußtsein der Dinge, wie es durch die selbstgemachten Maschen schlüpfend saust. Da muß ja ein Reibungsverlust entstehen, nicht nur klanglich. Da muß ja eine Schärfe verlorengehen, nicht nur semantisch. Da muß sich ja ein Potential aufbauen zum Wärmetod (was ist das?), zum Reizwort Entropie (wann war das?), zur Möglichkeit, daß ich mir manchmal wünschte, ich könnte einen Text so unbedeutend, nichtssagend, so vollkommen in einer so farbleeren Völligkeitsleere zu sich wie zu allem anderen aller Zeiten, daß niemand und nicht mal er selber sich hergestellt läse als unbedingtes Unding einer an keinem Genitiv hängenden satzaussagelosen Nähe: doch nun aber trotzdem: herstellen. Sie hören es: leider kommen dann immer wieder unvorhergesehen Spitzen hinein, Reizwäsche, Unsauberkeiten glücklicherweise, Verspannungen und Innewohnlichkeiten.

… noch steht es zahn / um Haaresbrei
an Topf und Hasen / geht es wald
das Jahr es jährt / sich horn und hin

Lassen Sie sich mal um Haaresbrei auf der Zunge zergehn.

Lassen Sie sich mal um Haaresbrei auf der Zunge zergehn.

Sich um Kopf und Kragen redend, verfeinert der Sausewind die Maschen, wir operieren mit Infrarot, horchen an Zellwänden, lernen auf ganzer Breite das fehlende Te schmecken im Brei – es geht um ein Hirschhornsalz, um den Harmlöser, kurzum: den phonetischen Aspik.

Respektive: wie die Laute mit den Spinnensinnen kopulieren. Bedeutsam nämlich – bis ins Fehlende hinein kriegt das Vermißte die Wertigkeit einer Präsenz; das *Zero-Phonem,* oder »was ich drunter verstehe«, ist ständig inständig da in seiner Vakanz.

Zero-Phonem, das ist natürlich Linguistikherbst, Uni Bukarest, weil Osenj darin russisch mithört – in der Bucht am Seerosensee, wo zwischen Moos und Semaphoren Rehe ohne Hosen äsen bzw. losen ob Käptn Nemo vor Novaja Semlja Morsezeichen oder Ovids Metamorphosen nach Rom sendet. Oder Eros-Hemden von Xerox nach Emden. Osero, ein See. O Zerozerozero-See, Gertrunde.

So ein Sermon spinnt sich dann an und erweist sich als Rhizom aus Anklang, Sinnwucherung, Sprachbiographie. Zuweisung erzeugt Abweichung, Substitut löscht Nebensonne, Jules Verne kommt hoch und die Querverbindung Chlebnikov taucht ab, Stein ins Wasser – Welleninterferenz an Tristia und Trestia, rumänisch Schilf, ein Deltageflecht.

Hier wäre Ort und Zeit, die Wirbelbildung »anzusprechen«, wie Sog entsteht, wie unvorhergesehen wieder einmal Vorsehung sich einschleicht in der schicken Chaostheorie.

Hier wäre Ort und Zeit, die krimgotische Schleuse sich entfächern zu lassen, diesen polyglotten Ausbruch, »näher als das Hemd«, in die Scharade vom »künstlichen Dialekt«.

Ort und Zeit gleichwohl, von meinem »Mutmacher« Chlebnikov zu reden; oder für einen Exkurs in die Musik.

DENN IN DIESEM BOMBAY BENANNTEN HÖRICHT bemüht sich bald ein wunderbarer Klangkörper, die Silhouette dieser Stadt dem Hörer vors geistige Auge zu bringen. Währenddessen erwächst vor dem geistigen Ohr dieser Stadt eine wunderbare Melodie. Der Umriß eines tatsächlichen Ohres gibt sich ohne Umschweife den hundertdreiundfünfzig Mikrophonen, die an den Schnittpunkten von Land und Wasser aufgestellt sind, zu erkennen. Ein Wäschekorb ächzt vor dem geistigen Hintergrund des Geschehens. Wunderbar hebt sich der Fesselballon, der aus gestochen kleinen Flexionssilben besteht, ins polychrome, von elektromagnetischen Wellen durchzuckte Geäder der wie eine Viole sich glockenhaft entfaltenden geistigen Durchdringung. Während der Fesselballon über Bombay drei Unzen Ballast in die Dämmerung als Bombast absäuseln läßt, ertönt ein tatsächlicher Scheren-Schnitt; und nach einem weiteren lautlosen Stil-Bruch noch einmal die aus safranzarten Schatten-Rissen zusammengefügte wunderbare Melodie. Den Rahmen des Bombay benannten Hörichts bildet eine Zierleiste aus schnuckelig schmausenden geistigen Ohrläppchen.

Kusch
Burkusch
Bögele neix Legato
fa!

(pust jekai
pust jekai
müstes bidden flai)

... Pam Umgum-Glünk
Pam Phönötütsch
Pam Ruttenfrunk ...

Fo Grimmazzo Schwindt!

(windel flain
windel flain
hiwwen rinzen blidd)

Pu!

Wiedam ürzen Dag
dumpes Gumdrum-Biem

diggen Telfer-Whud
Ewen Ewen Ewen

… Pizza Welim Travmphahe
Phorza Sdungdow Wudden Belf …

Fa Porzando Schwindt!

Pam Runkunk Funkenrutt
Pam Magic Ruttenfrunk
Pam Wimdom Porz
Pam Sdoggendorff
Pam Klodrowotsch
Pam Ismis Blott
Pam Wuttenblidd
Pam Lunzen Trumm
Pam Konegin
Pam Sfoara

Pi Uttenflutt Schwindt!

Flum
Kataflum
Frewele runx Kusch-Kusch
pu!

(bö puskai
dulpen flai
wöles pütten bai)

Pam Telfer!
Fa Umgum-Glünk!
Fi könes Ritten-Link!

Pust
Mattasch
Kradder
Squårp!

Ist es nun wichtig zu wissen, daß die häufigsten Hofhunde in Rumänien Burkusch hießen; daß die Sfoara ein Bindfaden ist, an dem auch, siehe Marionettentheater, gezogen werden kann, so wie Fa zur schreckhaften Abwehr dient, Pu jedoch als lieber Bär, während Pi einem nicht nur die Endlosigkeit im Kreisverhältnis sondern auch – pieha! – das Eklige an sich vom Leibe hält; daß Kradder umgangssprachlich Popel wie Frosch sein kann – laß ab, schmeiß weg, pust, pust jekai, auch wenn ein Prinz sich zu entpuppen droht.

Muß man, frag ich mich, der ich im Gestus des Bannens im Heraufbeschwören davon nicht absehen kann, das alles wissen.

Um die Prostatá, also um die volkstümliche Erklärung des Randphänomens, das ich mir gestatte, »Krimgotisch« zu nennen, komme ich nicht herum.

Warum nicht einmal – genauer gesagt: Anfang bis Mitte der Siebziger Jahre – die Schiene der Einsprachigkeit durchbrechen? Warum eigentlich nicht bedenkenlos und ohne Rücksich auf die Philologen diese eingefahrene und, weil man doch mehr im Kopf hat, immer auch zensierende literarische Gewohnheit lyrisch beiseiteschieben und alle biographisch angeschwemmten Brocken und Kenntnisse anderer Sprachen, und seien es auch nur Spurenelemente, einmal quasi gleichzeitig herauslassen?

Konkret, wie ich zu sagen pflege: die siebenbürgisch-sächsische Mundart der Großeltern; das leicht archaische Neuhochdeutsch der Eltern; das Rumänisch der Straße und der Behörden; ein bissel Ungarisch; primitives Lagerrussisch; Reste von Schullatein, Pharmagriechisch, Uni-Mittel- und Althochdeutsch; angelesenes Französisch, Englisch … alles vor einem mittleren indoeuropäischen Ohr … und, alles in allem, ein mich mitausmachendes Randphänomen.

Einmalige kleine Sprechsysteme, also keine.

Wie genau ist dann dies Randphänomen? Wann und wo deckt es sich, womöglich oder eigentlich mit etwas anderem? Wäre das schaurig-abwegig oder abstrakt? Hat es, da es ausdrücklich das Randphänomen des krimgotischen Fächers ist, wenn überhaupt, am Ende etwas mit erdkundlichen oder gar Wandersprachen zu tun? Lauter Fragen des Menschenverstandes, im Speziellen seiner homöopathischen Dosierung.

Wie alle echten Randphänomene buhlt nun das Randphänomen des krimgotischen Fächers um seine Beschreibbarkeit; es sehnt sich nach Formalisierung. Wir nennen das »die menschliche oder populärwissenschaftliche Seite«. Doch hat es im Unterschied zu anderen Randphänomenen auch unverkennbare Züge des »realen Haders« und der »heillosen Philosophie«. In diesem Zustand beherrscht es die Kunst des Bebens ebenso wie die zivile Gliederverrenkung (Chiropraktese); es abwest durch Dumpfen, entübt durch Namengebung, bannt durch Muskelhaftigkeit; es wildschweint; es drudenfußt und storchenschnabelt; es inhaliert seine Exhalation; es inselt und wargt, barnt und tarnt, scheuchelt und zermagt; es bindet ab; es gerinnt; es zahnt, kontaminiert, furkt, ürzt, keilt, trübt, lachst (jede Zahl, die- größer ist als 10.000 Heringe), pilzt schiert, lost, nickt; es stellt sich tot; es simuliert ein Machtwort, einen Wochentag, einen postalischen Ausruf des Drängens, einen aromatischen Flattergeist (Seelen-Fluß); es gibt sich ohne Umschweife als Krisengestirn über der Mark Brandenburg aus – und im gleichen Atem als das Wohngebirge des Zehnkampfs, McPherson oder der Verlust des Zentrums, alle Monate mit R, den Achilles, den Regen, die Linde, den Spargel-Wurm, und (auf die bloße Frage: »Wo sind wir hier?«) als eine mechanische Sägevorrichtung, mit deren Hilfe schreiende (plärrende) Scheite in Mythologie zerfallen ... Staunen, Einstein, II ... an jedem Bein grau drei ... (Pullman-Bremsschuh-Therorie).

Krimgotisch – sprachgenetisch manipuliert (siehe Pullman)? Oder dialektologisch inspiriert (siehe Fächer)? Ost-west-gemendelte Parodie? Hopi-Seelenverwandtschaft? Diwan-Hommage, knapp vorbeigezielt am Reich der Pyramiden? Idiom der beiden Pampelmusen Jacob und Wilhelm? Ballade vom Paradieschen?

DAS DIESGEN DUS DASGEN DÖS DEMGEM
dehn sdumb
errarös dogngum ü gendix / tas riesgen / tas
riesgen : tas riesgen!
Ogar nees ...
Rieschn rott / rott iskion-been/ been roent-
gen hats clavingo
Neg autem / hörscht? / Emgem-demgem an reg for-
for – nu gonx! La ryngelz das dönsgen xa dusnts

nt geggen rix hötnges dangtor luez prakntiz –
pör weng? Ribu snubbelz in gesges rubi-prachty
rati-sfinktad / schpa blumelent bisakkel asko
bäumula ok-ok ö cheen!
Wes wasken wux wenms? Ws rn-gts? Wutr dng-
küm?
Ajni üi-üi-üi?
Hortekamura ruttaprismanschu
primenitt rho chuii – paradyms:
däs däsgen düs dasgon tregg-dasdis-gars gras
diesgen

Das Diesgen – wahrscheinlich scheint hier was vom Grundmuster auf, oder durch, das alle Projekte bewegt, auch wenn die Machart jeweils wechselt: auszuloten das abgesteckte Spielfeld, die Arena zwischen Conditio und Voluntas, Gegebenheit und Entscheidungsfreiheit, Schriftbild und Oralität, Zählen und Nennen, Schweigen – oder etwas machen. Und wie die Paare, die ja gottseidank immer nur schiefe Gegensätze sind, auch heißen mögen.

Verschlungen, allerdings, von Gurgeln und Glitschen und dergleichen.

Unter der Chladnischen Fuchtel des Rückblicks ordnet sich mir nämlich eine Figuration heraus – Halonen oder Höfe wahrscheinlich, wollte man die Häufigkeit einer kleinen Lautkonstellation als Reduktion einer Vorliebe und die Schütterkeit anderer als Verdichtung eines nachträglichen Verdachts ansehen; Thema, bitte, für weitere Beweislastigkeiten.

Gelegenheit vielleicht, mal zu lugen, wo sie glosen: das l, das gl, das lg; den gleitenden Algorythmus solcher physiologischer Gelenke im Text; meine Allergien gegen Platons Gaul vom Glück und anderen idealen Dingen – eine Peristaltik der Ganglienstränge hin zum Gulli, wo Philo- und Ontogenese von Lautung linguistisch und anthropologisch heikel »koagulieren«, durch Strangulation jener angeblich vorgeburtlichen Hinlänglichkeit (hohle Gasse, Handlungshunger, zurückgehaltene Galle & Lymphe, die Glucke wie der Guglhupf) – das ganze Drangsal, der lange Hunger aufgesparter Gimpel und Gleise, Geiz und Lähmung oder der Adamsapfel im Halskragen.

Heikel, heikel, weil das deutsche Zünglein gleich ins Glauben gerät, es sei die globale Menschheit schlechthin; schließlich glutet und flockt, elcht und löffelt doch auch Chlebnikovs universell entworfene, gleichwohl aus der Lawa des Slawischen gelautete »Sternensprache« mit ihrem zentralen »Protokoll vom El« in der gleichen Umzingelung galaktischer Verschlußsachen par exellence. Knorpelbildung im Galgenstrickmuster. Allerlei Ekel an Kolben und Drängel – und selber schon Enge des Denkens, o kränkende Beschränkung (eben nun aufs e)! O wesensgegebene Keksmenge! Verzehrende Zwänge, fernere Dränge, o transzendente Klemme!

Stau und Abfuhr – vielleicht beschreibt das besser die Klemme zwischen dem arbiträren »Stimmwert« der Laute (in Wörtern, in Sprachen) und der eher physiologischen »Sinnanhänglichkeit« bestimmter Knödelwürger, die einfach *möglich* sind (wünschbar wie denkbar wie bereits beschworen und gebannt).

Vielleicht ist es ja die Nämlichkeit von Lauten, daß Stau und Abfuhr dann mehr sind als nur ein Ausgleich und länger als jene Engelsgeduld und verständlicher als noch mein privates Algengewusel.

Gelegenheit, nun einmal auch das Häufeln selber Revue passieren zu lassen; sozusagen am Zügel des l-Vorgangs, der in der Klemme steckt, zu filtern diese

Eber Schlegel Dimmer
Gödel Schwitter Hadrian
hülfreich Knödel Edelmann
Griffel Büttel Zwinger
Gugel Escher Lautenbach
Parsifal Lederfrau
Wolfram Schubart Zeder

Ach Bach Eschenbach
Hegel Reger Mafia
Bögel Bachmann Häscher
Gitter Schlüter Moebius
Umbruch Schneckenhaus Zäsium
Pax Schnebel Lawiner
Wedel Schreberlein Gauch

Leber Schlauch Hannibal
Nobel Sciascia Edamer
Gadam Babel Schrödinger
Bisam Anschaum Flederbaum
Johann Wolfgang Regelstau
Scheben-Öl Zugzug Löbel
Grack Eckenförde Xenon

Raschel Becker Knusperknax
nox libitum Öfel
Giebel Geibel Hebel
Godel Attersee Zagel
Schrecker Löschel Pundjab
Segel Schuber Lexington
Absis Absis Escher

Fox Marconi Stresemann
Lachs-Phalanx Phlox Sesenheim
Mischpult Fletcher Igel
Schnabel Flegel Döbel
Grönland Zügel Pullmann
Schuh Caruso Baldachin-Benjamin
Löschzug Bessemer Baxt

In den paar »Höfen« meiner Präferenz pulsiert es nämlich, denke ich, leichtfertig resümierend, doch immer »sinnbeladen nämlich lautend«, selbst in den Pleuelstangen Ein und Aus, Auf und Ab, Hin und Her, von dem was organisch dimensioniert die Lautsache wäre zu dem was lautlich organisiert die Sinnsache wäre, wenn Sache ist was nie Sache war, die Möglichkeit Bewußtsein: eine semantische Kinetik, will mir scheinen, interner Wunschmomente und Trägheitsvorgänge.

Abgeklopft auf solche Eigenschaft, spricht sich, selbst unterhalb der Redewendungen (die ja sonst nicht entstanden wären), ich möchte die Behauptung wagen, schon im Lautbereich die nüchternste Sprache »mit Händen und Füßen«; sogar im Inneren der Laute und bis an ihre Scharten zu porösen Übergängen sperrt und gleitet ihre *Denkbemühung* (die Carlfriedrich Claus z. B. in seinen Lautaggregaten mikroskopisch hörbar macht), so daß Wahrnehmung sich tatsächlich wahr herstellt: Undeutliches »senkt sich«, Abstraktes wird »erklärt«, Gestalt »nimmt an«, das Thema ist »verschenkt«. Eine körpernahe Grammatik »besiedelt« den Metabolismus unter jeder Kritik – selbst der Schlaf kann kommen und gehen. Keine Auflösung.

Keine Ablösung, in diesen Höfen der Vorliebe, etwa des Zeichens von der Sache, des Körpers durch den Schatten, der Stimmritze im präpositionalen Geröchel. Oder die Kasus-Falle vom Typus »fleischfressende Pflanzen«: Not & Jugend, das ist kein Bild, auch nicht in Anführungszeichen, sondern absonderlich, die Sache.

Warum »Über meinen Schlaf« ein Lautgedicht ist.

Früher, wenn ich einschlief, kam der Schlaf. Heute,
wenn der Schlaf kommt, schlafe ich schon tief. Der
Schlaf kam damals später, jetzt schlafe ich früher

ein. Wenn ich tief schlafe, kommt es vor, daß der
Schlaf, wenn er dann kommt, mich noch einmal weckt,
bevor ich weiter tief schlafe. Früher war das so:

ich schlief, und der Schlaf kam. Bloß wenn ich auf-
wachte, war er wieder fort – ein unruhiger Gast.
Jetzt kommt und geht er etwas ruhiger, während ich

schlafe, und manchmal ist er plötzlich da, wenn ich
wach bin. Dann wache ich auf und sehe, daß er da
ist. Es geht mir der Schlaf durch den Kopf, auch

jetzt, ich kann nicht einschlafen, bevor er geht:
dann muß er wohl kommen. So ist es jetzt anders wie
früher. Er kommt und er geht, ich bin wach und ich

schlafe. Manches geht mir durch den Kopf, der im
Unterschied zu früher dem Schlaf immer unähnlicher
wird: auch er kommt und geht, auch er weckt mich

hin und wieder, während ich denkend ihn schlafen se-
he, bevor der Schlaf kommt, diese beunruhigende Ru-
he, die keinen Schlaf kennt, auch wenn ich wach bin.

Der Glücksfall als Material.

Wo die Wendung Wendung ist vom Kommen zum Gehen und der Schlaf ihr eigener Kasus vom Aufwachen und der Kopf ihr eigener Wechselbalg vom Buch in dem sie sich liest.

Eben ein Glücksfall, an dem ich unbedingt bedingt beteiligt bin, von Machart und Wendung und Kehlkopf und Trauma – mal so, mal Soma von Lia, der Ciocîrlia oder Lerche im Katafalk oder der Chrese im Kröpfelschuh, ruckediguck. Die privaten Märchen.

Enge Esse – Mordschlange,
Seerosengegend, Schlam-
massel gegen Schoenred-
Ramschgenossen, Edelge-
selche, Monds arge Segen.
Glosende Messe, Chargen,
Gossen Gelaendeschmer,
laengres Mensch-Gedose,

Don Messer Geschlaenge.
Arme Schosslegenden, Ge-
meng, edengrosse Lasche,
morsche Lendengasse, Ge-
soge, marschenges Elend.

13 x *der geschlossene Magen*, buchstäblich vollinhaltlich im Schlund des Anagrammverfahrens; das den »glücklichen« Sog, falls er glückt, vorrangig über die Laute, die die Buchstaben entsprechen, entstehen läßt, auch wenn das auf dem strengen permutativen Reißbrett geschieht – das Ohr im Aug liest mit, trifft unter »Seinesgleichen« die Entscheidung, wählt also nach einer intimen Rangliste, die Sinn macht, selbst wo Nötigung besinnungslos auf die Lücke zeigt; bestimmt also, bei aller Mathematik, die im Spiel ist, diese Reihenfolge und nicht jene, jene Nichtidentität mit jeder anderen Zeile und nicht dies marschenge Elend mit dem Gesamtgebilde Anagramm.

Das ist Musik. Was ist Musik.

Jenes dumme Gerede von »Lautmalerei« verkleistert nur die Frage. Mimetische Literaturkonzepte – inzwischen dürfte es klar sein, was ich von ihnen halte – hängen sich gerne auch eine onomatopoetische Ikone in eine Sondernische, selbst wenn es darin nicht mehr runend raunt und Tümelndes und Butzenscheibiges sich vielleicht bloß poppig bis illustrativ gebärdet.

Kann man also trotzdem von der »Musik eines Textes« reden?

Entsprechende Vokabularien bieten sich ja an. Nur: welches Material des Textes, welcher Materialbegriff würde von solchen Vokabeln benannt?

Kaiser Napoleon und die Obstfrau in Brienne – 37 Buchstaben, die, Zeile für Zeile, also selbstbezüglich »irgendwie« vertauscht, mit Johann Peter Hebel, ihrem Zwischenlieferanten, der sie mir zugetragen hat, folgendes erzählen:

Er stob den Biofunker »Alpinino« auseinander.
Nun kerbt sie »Odora-Flaub« in ein anderes Poni.
Ob der Kolonnadenbau sie inspiriert? Auf Nen-
nensebene raubt »Dorf in Polonaise« dir Unika
fuer ein anderes Donaukapitel in Bonn-Orbis.
Dann Ribonukleinsaeure bis Onto Perda Fine.
Dann Poren darin: A E I O U – bintiefes Rebus-Klon.
Sein U O I E A – nur ein Blasentropfen Donkarbid.

Die Geschichte im Material.

Das anagrammatisch verstreute Zitat im Material.

Das Muster und seine Zeit im Material als Material – Klangmaterial natürlich!

Aber der Unsinn, Text auf Musik zu reduzieren.

Komposition natürlich!

Aber der Unsinn, Text auf ein Sinnkonstrukt zu reduzieren.

Auch das Phonem (»Klang wie Bedeutung«) ist doch nur *ein* Grashupfer unter vielen in dem Rhizom, dem Sie angehören, indem Sie zuhören.

Was der Kehlkopf im Ohr und was das Ohr im Kehlkopf leistet. Was die Lettern im Auge leisten und was das Auge in den Lettern leistet. Was die Verfahrensgenese auf der Autorenseite und was die Deutungsgenese auf der Leserseite leistet.

Und was Leistung überhaupt heißt, wenn sie doch »nur« ermöglicht und »doch« klingt – obschon der Drall in dem Skandal des Anfangs eher später war – Präkognitionsvokabelstraps!

zwinkerton und pinkerton in starenheit und farnheit – daraufhin wollte dergestalt raus. dergestalt war rein allerley. nur eben was allerley dergestalt vorschwebte war nachgerade keinerley. ruhlos revox paradox: keinerley galionsfigur auf weiter flur im schwebesitz ungewitter potenz – ein kleins rehlein tief in tee gesetzt gemeinhin eh gems weih: quaquas rad. fontäne rennt. tanne brennt an. oh von brentano ging in sonderheit einher von flüchtigem heraus ...

Tireliertext Rheinmärchenton: Faire Zepte, schiere Korde, wunderbare Flexe! Haare Muladen, leere Dundanten, ungefähre Busse ...

Oder ein: dominotaurusbekistandaradeilandrogynstigmagmastodonauberginereidentaluminiumsatzungenitalministrantepenultimathulethargiebelcantopascalibertinageleebenslangmuterusundsoweiter.

Ich möchte manchmal allen Ernstes Bernstein sein. Oder bloß irgendwo das l auf der Strecke von a nach b am Ern – agens muldens fumigens/tschuldigens: eine Rehabilitation.

Allseitig steht das Kalb am Berg vor Wozzeck wie der Hofmarschall vor dem neuen Grimm: ineptus, stolidus, simplex – »bei Luther und Opitz noch in gutem, später meist im nachtheiligen verstand«.

Alban also und das Bergell »beherbergen« die *Alberei* wie Büchner Robespierre und Oxigen Geflügeltes. Hochmut kommt vor Wismut und Bismarck vor dem Rösselsprung. Auch Calderon im Landauer geht mir über den Kalender.

Wenn der Bildungswurm in den Gehirnwindungen mir nervös die Almerei als enge Nische zwischen Alabaster und Alantbeere zwängt, albelt, d.h. deliriert der Weißfisch mit der Weißpappel – Albtraum und Alarm färbeln den Rasierstein zur Alraune, und der Kopf rollt wie ein Ball zum Hugo. Welchem nun?

Herstellung eines Feldes, Gedankenmusik als hüpfende Perspektive; die schlauen Schlaufen. Wir albern inständig und meinen zu wissen. Was Fundstück oder Kunststück sei. »Läßt sich wirklich ausmachen«, schreibt Szondi an Adorno, lese ich zufällig, »was von dem Dichter, was, ohne seine Absicht, von der Dichtung gesetzt wird? Auch sprachlich problematisch: kann man eine Absicht ›meinen‹?«

MEIN BULKESCHER KOKOSCH
meint mich wenn er schreit
mein Eid im Nest ist dein Eid im Nest
ist ein Kuckuckseid in der Scheine
die Scheine liegt in der Seine
schön scheint mein Bulkesch im Mai
dein Daientag Kokosch ist rein
weißt du Deinung wär Meinung
allgedeiner vielleicht
wär Behauptung mein Haupt überhaupt
wenn es schreit und deint und meint
in der dritten Stunde kommt Heiner
meiner und
deiner

Seine französische Seine; Sie wissen wen ich meine. Wenn nicht, so sei es drum.

Und weiter mit Grimm: *alber* sei »ein der Gestalt und Bedeutung nach großem Wechsel unterliegendes Wort; es bedeute(t) aber *simplex* und oft noch, wie unser *einfältig*, in gutem Sinn, der sich dem *benignus* nähern könnte; allmählich überwiegt der des *Absurden*; war aus dem Begriff des Wahren, Offenen der des Schlichten, Einfachen, Einfältigen hervorgetreten?«

Andererseits: ist das Wort albern – Bedeutungswandel hin, Bedeutungswandel her – nicht doch so trefflich blamabel, daß es bald selber darüber staunt, ein Wort zu sein? Knifflige deutsche Frage; die sich ein silly oder niais wohl ganz anders stellen müßte.
Die Hornhaut des Ballhorns paßt halt manchmal, auch wenn das Schulterblatt juckt. Albern braucht nicht reha-

bilitiert zu werden. Es ist der Glücksfall der sich selber unentwegt habilitiert.

Wir sind fast ganz nah dran: dieser/jener *Selbstähnlichkeit* – Conditio sine qua non für jedes Mißverständnis, ohne das wir den Mund nicht aufmachen könnten, für all die Versprecher, Verhörer, Verleser und Ausrutscher, ohne die wir den Mund nicht so voll nehmen könnten, und auch für die Verblüffung, ohne die wir den Mund nicht mehr zumachen könnten.

Was hier nicht entgangen ist und dort nicht entgegenkommt: der Zubiß, wenn Dinge im Spiel sind wie »angedient«, »hohle Wange«, »Nußbrot« – ja, ich verteidige sie gegen meinen Willen, d.h. so wie »ihr« Schnabel »mir« wächst; heute klingen die Ohren. Wie die Ereignisse ziehen! – daß sie sind; nicht wie. Schau, was mir oft entgangen ist und auch jetzt nicht entgegenkommt, findet in Kreisen statt, aus denen wir fliehen; sie nicht. Langsam fällt die Physis aus den Fugen, uns übernehmen mittelalterliche Themen; dort gähnt ein K, ein L, ein T; du trägst dich in der »hohlen Wange«; mir klingen die Zähne.

abra bebra cebra
dumping epheu felderlin
gaga hülse illiphon
jojo klumpfuß maude
nutria olive pix
querum rerum serum
schumann testrich uweson
ventrikaler woodstock
xurf your zwöbes

der komet ist erschienen

der kosmet verschwindet

Poesis und Poesie – zum Verwechseln ähnlich ein Zustandekommen des mit Albernheit Behafteten, ohne das es keinen Wahn und keine Möglichkeit gäbe: für den *Gedanken wie er sich erwähnt.* Indem er, angespielt und sich umspielend, zustandekommt – ein faszinierender Gedanke! Sozusagen ein Grundwert alles Erdenklichen.

Das neue Analogmodell für das Zustandekommen des poetischen Gedankens, besser gesagt für das poetische Zustandekommen des Gedankens ist heute, nach einigem Umgang mit ihr, für mich *die Sestine.*

Zum nächsten Mal davon, auf Wiedersehn.

Vierte Vorlesung

Text, gelesen am 1. Februar 1994

In einem Anfall von Abfall, guten Abend – oder, Schlaufen, innewerden, meine Damen und Herren, wo was wer ist wenn Gedanke sich ereignet. Stattfindung also wäre angesagt, eine Möglichmachung: die Sestine könnte doch, ach und bitte, so etwas wie ein Analogmodell für das Zustandekommen des Gedankens beim Denken von Gedanken sein; Sigma eines sprachlich ungesättigten Herstellungsprozesses.

Also ein Wahnsystem.

Der Gedanke, wie er sich erwähnt, reimwortläufig, in dem vertrackten Rhythmus mit dem transitorischen Moment von 123456 zu 615243. Um so »in aufbrechender Umarmung« zu »denken«, hat die Sestine permanent ihr genetisches Kürzel »im Kopf«, eben diese Fähigkeit, wie ich nach einiger Erfahrung mit ihr denke, in ständig verschobenen Rückversicherungs- und prospektiven Falsifikationsschlaufen sich herzustellen.

Am 16. Juni 1991 fuhren wir – Emily Böhme, Harry Mathews, Marianne Frisch, Familie Wichner und ich – zum Schiffshebewerk Niederfinow, bei Eberswalde, zirka 70 Kilometer nordöstlich von Berlin.

Ein grandioses technisches Bauwerk, ganz ohne Schnörkel in die Landschaft ragend, noch aus der Bauhauszeit. Und in Betrieb.

Ich lese die technischen Daten von der Rückseite des Eintrittsbillets:

Bauzeit und -kosten:	1927 – 1934; 27,5 Mio RM
Das Hebewerk:	94 m lang; 27 m breit; 60 m hoch
Der Trog:	85 m lang; 12 m breit; 2,50 m Wassertiefe
Gewicht mit Wasser:	4300 t
Hubhöhe:	36 m
Dauer eines Hubes bei 12 cm/s:	5 Minuten
Dauer einer Schleusung:	20 Minuten
Die Gegengewichte:	4300 t, sie sind mit dem Trog durch 256 Stahlseile von 52 mm Ø verbunden. Die Seile laufen über Seilscheiben von 3,50 m Ø und etwa 5 t Gewicht.
Der Antrieb:	4 Elektromotoren von je 55 kW heben und senken den Trog über Ritzel und Zahnstockleiter.
Die Gründung:	Stahlbewehrter Beton bis 20 m tief. Die Grundplatte ist 4 m stark.

Der Klick, der die Sestine dann auslöste, war, nach ein paar Tagen, mein Blick auf die Bücherwand – Jean Paul, Titan, erster Band.

Dort, auf den Seiten 94, 27 und 60 (entsprechend den Ausmaßen der Stahlkonstruktion in Metern) fand ich das restliche Wortmaterial.

sestine mit hebewerk

nun lasset uns sämmtlich für die dauer eines hubes
über ein tortursoupée die beiden biographischen höfe
scharf zusammenlegen sehen; hineintanzen den trog,
lang 94, hoch 60, breit 27, auf einer unterlage
mit zwölffachen gürteln von einem gedankenstrich
zum andern, leise meter bergmusik im pudermantel.

das in eine kutsche gesperrte gewitter im pudermantel
bringt der augen-schmachtriemen so mit des hubes
haar-verschleiß um viel; wie legt der gedankenstrich
auf – lange gegengewichte, verbunden durch höfe
mit 4300 tonnen wasserminuten, erraten die unterlage
schwarzer kalter menschen – schwelgerei im trog.

steht der gigant nicht wie der mikromegas im trog
des staatskörpers dort? befiel ihn der pudermantel
stahlbewehrt hinausragend über eine unterlage
eben so hoch, eben so starr und so steil? des hubes
gründung dauert platte fünf naturen über die höfe,
blatt für blatt, sein langer gedankenstrich.

das alte taftband aufzusetzen – gedankenstrich –
und zu putzen allen mai-wesen den schiffs-trog

über ritzel und zahnstockleiter, miomios höfe –
schon der name ritzel schloß ihm einen pudermantel
auf, wie eine melone unter der glocke des hubes
wuchs das kind voll liebe auf einer unterlage

22 mm stark als vortänzer von einer unterlage
zur andern, der antrieb war für ihn ein gedankenstrich;
wo die aehre und die traube und die olive eines hubes
oft auf einer seilscheibe wie zusammen den trog
heben und senken, sieht man dort den pudermantel
36 meter tief zerfallen, über schwellende höfe

die gefährliche vogelstange dieser künstlichen höfe
hineintanzen – und seht ihr nicht die unterlage
der schleusenhöhe dort im umgeworfnen pudermantel?
daß er so des tulpenbaums prangenden gedankenstrich
bei fünfundfünfzig tauf- und todtenglöckchen pro trog
und borromäus bände vor die spitzenmaske eines hubes,

erriet, wie schön, und da befiel die binde des hubes
ihn 86 m lang erschütternd breit und mit dem trog
durch 256 stahlseile und ritzel pro gedankenstrich

Verblüffungsmäßig – für mich zumindest – wäre diese Sestine, in der kein Wort von mir ist, schlichtweg ein Poem der Vereinigung. Stellt aber so ein Deutungssog sich einmal her, womöglich schon zu Beginn der Arbeit, so sprenkelt er fast gegen den »Gedankenstrich« den weiteren Verlauf – Taubeneier, Gänseeier, Kuckuckseier in den beiden Wortfeldern (hie technische Daten – hie Jean Paul) durchsetzen einander, setzen einander durch, krempeln die Syntax »von einer Unterlage zur anderen«, aktivieren so »künstliche Höfe«, der Trog wird zum Sog, der Pudermantel der Politiker in der »Maske«, bevor sie ihren Fernsehauftritt haben, fällt aufgeplustert in des Hubes Schminktopf – Sachzwang und Accessoires tragen etwas aus, das mir nun wirklich datierbar erscheint, als Ereignis nicht mehr zurückschraubbar, und einschneidend mit »256 Stahlseilen und Ritzeln pro Gedankenstrich«.

Habe ich jetzt überlegt, überlege ich, wie zwingend die beiden materialen Höfe in der Sestine zusammenkommen und sich spindeln *mußten* – oder war die deutsche Einheit eine vorgefaßte Sache wie bei Schiller, die es bloß trefflich auszudeuten galt. Verblüffungsmäßig war die Absicht von einander poetologisch die Geschichte.

Linguistisch besehen aber wäre die Sestine, nicht nur diese, natürlich bloß eine unter vielen Sprachen. Ihre besondere Denkweise hätte sie auf die Erfindung des relationalen Myzels gerichtet, dem sie den Eintritt wie die Lesart ins naturschöne Phänomen ermöglicht – eigenwilliger vielleicht, so hoffe ich, als andere Sprachen, deren es noch und noch gibt.

Literaturgeschichtlich, bitte, wäre sie daneben eine Gattung aus der Troubadourzeit, mit Fächerungen bis in die Musik.

Vom Standpunkt der Experimentalphysik freilich, also des Wirklichkeitsaufkommens (der Textwerdung, die die Wirklichkeit ist) wäre sie ein generatives Maschinchen, eine Wahrheitsdroge, ein philosophischer Kohinoor, ein Oulipotential. Denn durch den anamorphotischen Innen-Außen-Spiegel betrachtet, etwa einer Möbiusschleife, wäre sie ja die Zeitlupe »in effigie« (also auf zeitenthobenem Papier) bzw. der Raumraffer im Prozeß – Ding und Unding in einem; durch und durch virtuell.

Vom Standpunkt der Bäume ein Schlagschatten; vom Standpunkt der Algen eine Meduse.

Wie vom Standpunkt meiner Biographie nichts anderes als eine Konsequenz aus der Beschäftigung mit anderem: diskontinuine Schlaufe.

Hier ist nun ein Pingpongspiel mit dem Apfelmännchen im Gange. Nein, es entsteht erst:

null uhr null

roh, daddy, schmust diderot
menschwerdung: für dung schwärmen

vier zehen zephir
lehne die wupper: woody allen
orte meteor

hängematte: zum Thema gehen

nemesis mähne
geht im mitschnitt ein wie ein schnitt mit ihm geht

– kurze Silbenpalindrome aus dem Verfahrensstoff von »Kopfnuß Januskopf«.

Was die Scharniersilbe in der Gegenläufigkeit »aufgabelt« (d. h. bifurkiert *und* anzieht) ist aber zufällig – Fragezeichen – auch der Knackpunkt meines januskʼöpfigen Interesses an der Chaosforschung: Wie vorhersehbar ist das Unvorhersehbare.

Wann und wo und wie ist das berühmte Blatt gefallen, das z. B. solche Palindromgebilde zeitigen, orten und strukturieren konnte in dieser sprachlichen Gemengelage, mit diesen und nicht anderen Namen wie Zitaten, Syntagmen wie Artikulationen, Anklängen wie Befremdlichkeiten.

Ursachenforschung wäre wohl ein besseres Wort – hätte Ursache nicht den fatalen Investitions- und Investiturcharakter.

Jedenfalls ist das Reizwort Chaos ja selber undeutlich metaporös und als schwammige Metapher höchst anfällig für Poetismen und andere Ismen mit ideologischer Gefühlswallung. Dunkel besetzt, zieht es Verzweiflung an – wie eine Uniform. Ähnlich diffus wie vor Jahren die Entropie-Welle; die sich freilich nie so faszinierend anschaulich zu präsentieren wußte wie diese bunt glänzenden graphischen Darstellungen der Chaostheorie. Packend und saugend, dekorativ und rätselhaft wirken und werben sie, denke ich, unterhalb des Gedankens.

Aber Namen wie Mandelbrot und Apfelmännchen klingen fast wie Mandelstam und Perpetuum mobile, das utopische Stehaufmännchen aus dem wurmeligen Garten.

Wie alle artigen und unartigen Kinder des populärwissenschaftlichen Zeitalters bin ich gegen die Namensmagie durchaus nicht immun.

Bedenklich allerdings die sich zeitgeschichtlich aufdrängende Analogie: Was in der Physik etwa die Rotverschiebung, sei nun, da es die schön bequeme Ost-West-Trennschärfe nicht mehr so gibt, die (so kommt es mir zumindest vor) im Lichte dieser neuen Wissenschaft mitgelieferte *Determinationsverschiebung*. Phänomene, die bisher als reiner Zufall galten, verschieben sich, dank der Chaosforschung, in der Erkenntnis alle insgesamt ein wenig in Richtung Determination.

Psychologisch findet dadurch ein Stück Entlastung der oder gar Entlassung aus der Verantwortlichkeit statt. Rudimente von Trost – schon wieder eine verkappte Teleologie? Das ist die eigentliche Verzweiflung (Bifurkation) des Apfelmännchens. Daß es noch ein Stück Freiheit – und sei es die zu scheitern – eingebüßt hat.

Der Ideologie-Krüppel in mir kann es – wie Sie hören – nicht lassen. Nämlich ihr auf den Leim zu gehen. Den das Chaos bereithält.

Dennoch: Apfelmännchen: mein Kürzel für Sprache oder das sich selber lesende Unding. Andere sagen Leben dafür. Und wir ergötzen uns noch immer an kurzen Silbenpalindromen.

zwölf uhr zwölf
erzieh nie phönizier
(tacitus-zitat)

denn fingernagelnager finden
soll wenn er entnerven soll
entweder wehend

ergänzen (parzengähner)
der oder
entwerfen (kufen) während

dusche du
eigengewicht gegen ai-
schylos schil-
derkader
garrickmöbel mörike

archivar
wie bald wie
los koloß

wenn sehr konfus – nimm fußkonserven

asyl für silla
silbe für basil

trixte obstetrik
lanzette celan

katyn katinka
mähnadelname

schau fellschaufel schau

stalin geht ins tal
anselmo ziehts moselan

in der schneiderin
stand der wie ein widerstand

vektor am torweg
lenz-ei in zeilen

bül bül bül
bülnotschere tschernobyl
tick neu, mäher – heu, hermeneutik

mehr hokuspokus homer
faß keinen kaiphas
schmier kaschmir
email auf meile
mischkostüm kosmisch
präsex im expreß

hobbes ging hopps
spitzweg spitz
hindu hin
herwegh her
hindemith zur mitte hin

webern ging bernweh

Und immer noch vom Unsinn, hier »über« Chaos und »über« Ordnung zu sprechen, so als stünde uns eine Sprache außerhalb von Chaos und Ordnung zu Gebote; als sei jedes »Sprechen darüber« fraglos davon ausgenommen und diesem Spannungsfeld enthoben; ja als sei das nicht nur möglich sondern auch tauglich zur Klärung eines Sachverhaltes, der unbedingt bedingt, also ein Sprachverhalt ist.

Ich denke, wir denken nicht falsch zur Kondition sondern generell chaotisch richtig, d.h. in Richtung aus einer Norm in eine andere, mögliche. Denn wenn ich denke, wir denken irgendwie, so denkt mich die Grammatik nicht nur weiter sondern auch zurück zum Bauteil das gelernt hat, so falsch am Platz zu sein daß es sich nicht nur als »dort« erkennen sondern auch als »ich« an keiner anderen Stelle orten könnte (also möchte) als anderswo.

Kein Chaos ohne Bedeutung; keine Bedeutung ohne Chaos. Das ist die Wahrscheinlichkeit – ein aus der Ordnung laufender Knackpunkt beim Reden einer Sache die nur so entsteht wie davon geredet, kurzum gedacht wird. Auch Zahlen sind Überlegungen, auch Symbole sind Unordnung, auch Formeln sind Sprache. Auch die Bilder davon sind chaotisch angeordnete Vorgänge. Ich weiß nicht ob das klar ist. Und wenn, dann wie. Ich denke zwischen ob und wie.

Funktioniert die Chaostheorie? Schlampig und verschmutzt und wurschtegal den Hierarchien gegenüber; von grundauf blinddarmartig schief zur Ausgerupftheit träge – notdürftig in Harmonie gewuchert wieder aus dem Leim: ich bin so klug und so dumm daneben wie die Grammatik meiner Verstöße gegen die Verstöße meiner Semantik gegen die Verstöße unvorhersehbar ist. »Kreativität« – wenn es eine solche wäre – wird von anderen Verstößen in anderen Köpfen gemessen oder erachtet, die anders klug und anders dumm sind als meine Vorhersehbarkeit in ihren Worten. Mir geht es mit ihnen ähnlich, natürlich in den Schranken und im Rahmen meiner noch nicht gemachten Verstöße: ein Verzögerungseffekt, der nicht einzuholen ist, »außer man tut es« in einem nächsten Text, der die Verzögerung gelernt hat indem er gegen ihre Mustergültigkeit verstößt.

zweibeiner – »spezies von lopdun«
zeiten gab es! da sie uns hüpften

mit wurmfortsätzen behangen und
syntax – waren wie tennisspieler

und hatten eine art zu »schaufeln«
mit birnen voll – außen aufblasbar

die hebelwirkung zu betrachten war
uns ja wie das knie einer erbse

der ohren und philosophengänge
wuchsen – nun wie epheu-pepsine

sprach man von »gliedergängern«
»trottoir« war auch so ein wort

wie sie piepsten und vorher kurz
diese spazierstöcke ablieferten

wenn sie mit »heu« und mit »stroh«
von trickreichen reserven hatten

zu baumeln an ihren gelenken was
»tuten« und »fortbegegnung« hieß

mit engpaß aus fluren und gingen
gebauscht – langwierige figuren

waren es vorsätzlich und durch die
bank sohlen-fetischisten in wachs

wie tennisspieler etwa oder zonen-
untergänge – da sie uns hüpften

(die Wörter nämlich: vom Hinauszögern des Unvorhersehbaren wie von der Einholung eines Verstoßes:)

Ich bin ein farsch geleimtes Kind
– wenn ich heule pfeift der Hund

Pfeift der Hund auf einem Bein
fällt vom Herzen mir ein Stuhl

Für einen Stuhl mit beiden Ohren
staunt er mich an wie neu genagelt

Wie vernagelt klemmt der Kaffee
Pu ich glaub mich laust ein Igel

Laust ein Igel sich von hundert?
– fragt der Laie sich und wackelt

Sehr verwackelt knurrt der Wind:
ich bin ein farsch geleimter Hund

So daß wir nun mit Fug und Recht fragen können: Zu welchem Ende, mit welchem Partner, vor allem aber – welche Sprache spricht unser chaotisch domestiziertes Apfelmännchen?

Mindestens zwei, möchte ich sagen. Einmal, da es spricht, spricht es Sprache. Die mit dem grundsätzlichen, also kaffeesatzartig nicht auszufilternden Rauschen, Hintergrundrauschen – ein Notwort für das Notwort Selbstreferenz.

Zweitens spricht das Apfelmännchen Sprachen, gewisse oder bestimmte. Die mit dem Blindfleck für den Stallgeruch, aus dem sie kommen. Getränkt mit ihm, lernt es sein Arom im Unterschied zu anderen Stallgerüchen als etwas wie eine Null-Ebene oder als Natur-die-für-Absenz-steht verstehen.

Sprache und Sprachen – jeweils und miteinander eine Gemengelage.

Was spreche ich? Klipp und klar pastior. Auch wenn ich es als Privatidiom bezeichne und hin und wieder Krimgotisch nenne, indem ich auf die Randphänomenalität der Gemengelage in jeder Sprachbiographie verweise.

»Mein Herr! Sie glauben doch nicht ernstlich, Ihren Zufall mit meinem Zufall vergleichen zu können!« – Marcel Duchamps. Oder war's Lukrez?

Und aus der Gemengelage gleich auch zur Befindlichkeit. Zu voreilig, ja wie automatisch, scheint es mir, setzen spätestens seit Plato eingefleischte Realismusvorstellungen »Gefühle als Textbausteine« gleich. Der Dichter als Gefühlshandwerker. Das Leiden an. Das Heimweh nach. Das Zuhause in. Das Fremdsein vor. Oder die Metaphern vom Nabelstrang, vom Niemandsland, von den Grenzgängern, von der Brücke. Auch ich vergesse zu leicht, daß es diese deutschen Wörter sind, die mir die Gefühle beigebracht haben. Andere »Muttersprachen« gibt es nicht: anderswo heißt und ist die Sache eben anders – die Nominalismusmühle, auch in dieser kniffligen Frage.

Ich übertreibe. Sprechen hieße ja schon übertreiben. Notgedrungen übertrieben reiche ich die Äußerung von Thomas Bernhard weiter. Ihre Rückseite hieße dunkel »das Unsagbare« – natürlich erst recht eine Übertreibung.

Zumal in öffentlicher Situation. Was ich auch sage, es wird zum Bekenntis. Daß ich hier rede, unterwirft mich dem Thema »Poetik«. Wie ich da stehe, macht mich soziologisch interessant. Kein noch so gearteter Text ist dagegen gefeit, als linguistisches Psychogramm entziffert zu werden – bitte sehr : Sprechen ist riskant, und Mißverständnisse machen mir schon zu schaffen, wenn/weil ich mich sprechen lese, schreiben höre. Das generelle Mißverständnis gehört einfach und in jeder Sprache zur gelobten Kommunikation, auch (und vor allem) zur literarischen.

Kommunikation – in Klammer – ist ein bequemes, ein schillerndes Wort. Ich glaube nicht, daß sie möglich ist, hoffe aber, daß sie ansatzweise poetisch gelingt. Ihr Begriff beschwört nämlich ein Versprechen herauf, das er nicht halten kann. Trotzdem: auch ich agiere und reagiere verbal, bezweifle aber, ob das schon Kommunikation ist. Auch glauben wir ja zu wissen, was die polyphemäugige Theorie der »Sprache als Verständigungsmittel« an Unheil angerichtet hat – nicht nur ästhetisch, Klammer geschlossen.

Also lobe ich mir ein bestimmtes, füglich virtuelles Mißverständnis, das imstande ist, jene entscheidende Unschärferelation des Textvorganges zu generieren, die uns ästhetisch oder schön erscheint, indem sie abdriftet, wenn sie – wie in dieser Begegnung mit Petrarcas 132. Sonett – etwa die Folgerung als den Beweggrund mitbegreift:

Wenn das, was als Gedanke in der Mitte zu wachsen anfängt, »nicht ist« – was bleibt dir »zu fühlen«? Und »ist« es – mein Gott, wie muß es beschaffen sein? Meint (und du zitierst noch immer) »das, was in der Mitte zu wachsen anfängt« es gut mit dir, wenn eben sein Ende dein Ende ist? »Tut« das weh – oder »ist« das schlimm? Ohne Wurzel, aber wachsend; die Lust, die Pein; du schürst, um auszulöschen; wohl oder übel – Geschwätzigkeit. »Ein Mißverständnis, und wir gehn daran zugrunde«; noch ein Zitat. Und es widert dich an, an diesem Halm zu kauen (»Tod und Leben«, »erquickender Verschleiß«) – und braucht, um zu geschehen, dein Einverständnis nicht; da stimme ich zu; auch eine Art von Trauer. So hin und her, zerbrechlich, außer Kontrolle, fern von Dingen; so unwissend leicht, den Wünschen irrtümlich verwandt, und »doch« entwöhnt – kläglich; der Gedanke überläuft mich heiß »und« kalt.

Meine Begegnung, damals, 11.6.82, mit diesem einen italienischen Text. Assistiert, durch Zufall, von Kafka und Kleist.

Beide Zitate hatte ich zufällig kurz hintereinander in einem Wortbeitrag (Buchrezension?) im Radio, SFB, gehört, während ich an der Fassung II saß, und sie mir sofort, vielleicht ungenau, notiert. In meinem Kopf sind sie »zeitlos gleichzeitig« und direkt in den Arbeitsprozeß eingefallen. Epiphaniemoment?

Vielleicht sind die Zitate bekannt, vielleicht auch nicht – blühendes Mißverständnis.

Wo das Kleistzitat vom Mißverständnis, an dem wir zugrunde gehen, genau zu belegen wäre, weiß ich leider nicht. Das was bei Kafka in der Mitte zu wachsen anfängt, ist der (normalsprachliche *und* künstlerische) Gedanke, so habe ich das Zitat gehört, und deshalb hat es mir eingeleuchtet. Laura, die von mir ausgesparte, ist ja Petrarcas fixe (d.h. mit Zuwendung bedachte und erstrebte) Idee. Beim Fixieren in die »armen Worte« wird sie entbegrifflicht, entplatonisiert – wenn Kunst gut, also Kunst ist, *muß* das passieren. Die Renaissance im Kampf mit den idealistischen Konzepten: Paradigma für das was im schöpferischen Prozeß immer passiert. Mein Ansatz, Petrarcas Metaphern »in statu nascendi zu überraschen« wiederholt das, ein wenig mechanischer.

Und nun Kafkas »Gedanke« (sowohl, als auch), und über das »Gras« sofort der »Grashalm« und daraus »Halm-Messen« (aus meiner Bukarester Uni-Zeit: das Lied von Walter von der Vogelweide muß irgendwo in einer Anthologie auch unter dem Titel »Halm-Messen« gestanden haben). Hinzu das Bild (ich sehe es vor mir, wahrscheinlich aus einem ganz beliebigen Film, Bukarester Jahre): der Junge und das Mädchen haben *einen* Grashalm im Mund (waagrecht!), an dem sie kauen, wetteifernd, wer zuerst schneller beim anderen, also in der *Mitte* (beim Kuß) angelangt ist. Von beiden Seiten her auf eine Mitte zu. Und nun Kafkas entgegengesetzte Aussage: von der Mitte aus (auf der Vertikalen, die Schwenkung um 90 Grad!) nach beiden Seiten: das ist doch herrlich! Was entsteht, ist nämlich auch ein Zeichen: +. Das ganze Problem des Redens und Schreibens und der Kunst reduziert sich auf das armselige Bindewort – *der Gedanke überläuft mich heiß »und« kalt.*

Das, kurz und bündig, ist auch die Übersetzung. Wie die Interpretation. Ein Text *und* ein Text.

Nun sagen wir: interessiert das Muster, so ist es auf eine interessante Weise entstanden; ist das Muster undeutlich, wird an den Glauben appelliert; Glauben ist nicht interessant. Mich interessiert aber die Hexenprobe: Wer nimmt mir ab, daß ich bei der Herstellung der 33 Gedichte »aus« den 33 Sonetten Petrarcas nicht gemogelt habe? Oder so gemogelt, daß ich guten Gewissens sagen kann, ich hätte nicht gemogelt? Freilich, wenn ein Rest von Machart an die Oberfläche kommt, werde ich überführt – die Sache wird prüfbar, also schuldig, eine seltsame Kategorie, mehr als Attrappe nämlich, die im Projekt eingebaute Krise des Projektes.

Nur solange »meine Petrarca-Gedichte« unvergleichlich erscheinen, schenkt der Leser ihnen Glauben, oder nicht. Er wird an meinem Projekt geprüft: vertraut er ihm unbesehen, so ist er verloren, ein Weggefährte »auf meiner Seite« des Scheiterns. Andererseits sind die treuesten Leser natürlich jene, die mir mißtrauen: so will ich es ja; und sie finden Substanz von Petrarca auch gegen mich in den Texten, falls sie sie finden. Zuneigung, falls es sie gibt, mißt nicht – das ist der Inhalt. Ich bin aber der Leser, der mißt, der Schreiber, der mißt, der Widersacher des Messens in einer Person mit dem Gegenstand, mit dem ich mich nur messen kann. Wie gesagt, die Hexenprobe. Indem ich mich eigenmächtig setze, denunziere ich Wort, Schöpfung und Setzung. Die dritten Sachen sind Vorgänge, der Wortschatz ist Inquisition. Unvorsichtig sind die Vorschüsse »vor den Bug« – vielleicht eine Chance, vielleicht schon wieder Galionsfiguren. Ohne Metaphern gäbe es keinen Abgrund unter den Planken, zum Scheitern. Mein offener Schiffbruch kleistert gleich die Mißverständnisse zu. Gleichzeitig liefert die Welt sich zu den Texten nach, das heißt ich glaube, indem ich rede, sie tut es.

mach ernst mach mach
mach überschall vitel-
to tubs mach ungenau
gemach mach straub mach
futsch provisorat mach
ususlasch mich wachtel-
fett und damenmatt mach
sachen ach am fachwerk-
dach und das mit wucht

daß tacheles empedokles
rachmaninov concordia im
tagebau vom stapel clinch
mach fluntsch mach krall
mach rachengold mach ro-
chenkrach mach doch im
schacht den schlauch von
achternach bis chur zu-
gleich dem nachbar auch

saug mich in dein know-how
strichnin krauch mir zum
trachtenball falun rauch

schluchtensud am techtel-
mech stauch mit den ruch
im spachtelholm klau mir
den lauschkordon am apfel-
strauch und tatsch den
ramses noch von cheops

mach mandelbrot mach stau
mach mir das mumientuch am
überhang zum fuchtelbruch
im achsendrall synapsen-
flau mach huch das tor zum
wal ganz loch mach einmal
noch die grachten schmal
ach tafelblatt streng am ag-
nello mir den tubus flach

Mach hab ich nie gelesen. Dies war eine Ode an Ernst Mach. Den Wissenschaftler und Widersacher Lenins – zumindest in dessen Philippika gegen Mach, und andere, in dem Konvolut »Materialismus und Empiriokritizismus«, einer theoretischen Unterfütterung, wie mir scheint, späterer Wiederspiegelungsrealismen; und vielleicht auch schien, damals, als sich mir im Lager – und selber unterfüttert – dieser Rachenlaut »Ernst Mach« einen eigenen Nasengeruch »ex negativo« erschnupperte.

Aus der Tasche geplaudert – nur was sagt das schon zum Tacho Eschnapur, dem scharfen Geschwindigkeitsmesser von 1990, Titel über dem wendischen Grabmal.

Wir stecken immer noch und jeweils wieder in der Gemengelage. Stecken wir fest? Wie fest stecken wir drin?

Der »Geist einer Sprache« ist doch nur so gut wie die Texte dieser Sprache – und die sind umso besser, als sie in die Beweglichkeit der Normen hinein- oder gar aus ihnen herausreichen. Sprache sind eben nicht nur die beweglichen Normen sondern auch die normenbewegenden Texte; und ein Text lebt, weil er, singulär, Normen nicht gerecht wird *und das auch weiß* (wer sonst?); weil er, und sei es im Verlauf der Rezeption, sich in seiner Vermessenheit an den vielerlei Normen mißt.

»Unterschiedenes ist gut« – noch ein Zitat.

Wenn ich eine Utopie hätte, so wären es zwei: Alle Unterrichtsfächer an den Schulen sollten doch bitte immer auch Sprachfächer sein; selbst die Physik; selbst der Literaturunterricht. Und, zweitens: statt all der (natürlich begrüßenswerten) Anstrengungen, die Literaturen der Welt in die Sprachen der Welt hin und her zu übertragen, sollte man lieber die Sprachen der Welt, zumindest die jeweils räumlich nächsten, möglichst viele Einzelne erlernen lassen. Nichts ersetzt das Original. Im Grunde ist ja Übersetzung nicht möglich. Übersetzung ist das falsche Wort für einen Vorgang den es nicht gibt. In einer anderen Sprache denkst du anders, sprichst du anders, agierst du anders, bist du anders.

Bist du also reicher und ärmer, wenn du mehrere Sprachen (und sei es in Ansätzen) sprichst? Das Gemenge ist keine Summe; eher eine Art Emulsion inkompatibel »verseifter« Aggregatzustände – analog zu dem Gemenge innerhalb der eigenen Muttersprache: Jede Station, in der du Sprache erfährst, in der du sprachlich reagierst, vom Milieu bis zur Lektüre, trägt zur »Gemengelage« bei. Du wäschst dich, die Seife wäscht sich, Sprache flockt aus – den Puristen zum Graus.

»Ärmer« und »reicher« ist im Gemenge keine Alternative. Ich lobe mir das Gemenge, meine Privatsprache. Sie ist für mich die einzige Chance. Sie erlaubt mir – wie jede andere Privatsprache ihrem Text – eine tendenziell maximale Bedeutungsdichte anzupeilen *und* zu erreichen; den Vektor also; der sich notgedrungen an den Normen entlang gegen die Norm statuiert und sich dann, im Glücksfall, an den Normen jedes einzelnen Lesers oder Zuhörers reibend ein wenig abarbeitet, jeweils anders. Die Flocken, das Myzel.

»Zwischen den Sprachen« – also ohne Sprache – kann man nicht sein. Selbst die »Sprachnot« hat ihr Gemenge maximal parat. Kaspar Hauser, die Bedeutungsschwere der Absenz.

Wenn aber das Gemenge so »ausflockt«, daß es zumindest einen Menschen interessiert (indem er sich ein wenig darin vorzufinden vermeint), so ist die strukturelle Chance dieser Person *auch* eine Eigenschaft ihres Gemenges: als habe sich da im Gemenge eine durch ständige Vergleiche erworbene Gewitztheit selbständig gemacht, die gescheiter ist als der Hervorbringer. Diese Eigenschaft mit »Talent« abzutun, wird dem Sprachengemenge als Textgenerator nicht gerecht. Mein Sprachengemenge ist nicht mein Verdienst.

Allerdings dann das Pech oder das Glück, in größere oder kleinere Sprachen geboren worden zu sein: ein Aspekt, der zu recht als ungerecht empfunden wird; auch von einem, der irgendwie zu einer größeren Sprache gehört. Es trifft ja vor allem die Autoren. All die quantitativen Parameter (Auflagenhöhe, Rezeptionsbreite, Bekanntheits- und wer weiß vielleicht auch Wirkungsgrad) sind zwar nach oben wie nach unten relativ, stellen aber, sobald sie unter- oder überschritten werden, das Schreiben selbst in Frage. Aus verschiedenen Gründen natürlich.

Und das großherzige Konzept der »Weltliteratur« geht ebenfalls flöten: diskontinuine Räume, zerfallende Gegenwarten in Beschleunigung – kein schönes Bild.

Trotzdem: so, im Zusammenhang gestörter Zusammenhänge, scheint mir das Wuchern mit dem Pfund des »Involviertseins in der Sprache in die Sprachen« der schmalste, aber auch der interessanteste Grat zu sein, auf dem zu wandeln es noch eine Menge zu entdecken gäbe. Die Chancen meiner relativen Mehrsprachigkeit sind produktiver Art: ihr verdanke ich die Schärfung des Bewußtseins für die eigenen Schreibmöglichkeiten und -positionen; ihr verdanke ich die Aufweichung des normativen Denkens.

Das war – auf Wiedersehen in einer Woche – mein Beitrag zur Gemengelage. Ich habe, wie gewöhnlich, übertrieben.

Fünfte Vorlesung

Text, gelesen am 8. Februar 1994

Natürlich, meine Damen und Herren, tragen Texte auf, bauen Texte ab. Wer jetzt Zelte sieht, guten Abend.

Auftragen – auch so ein Wort aus der Schminke.

Abbauen – auch ein so eigenmächtiger Zwitter auf der Schaukel, die an der Grammatik festgezurrt botticellt: La Primavera, sieghaft intransitiv, baut prima vista, ohne Ergänzung, ab.

in der ersten zeile steht ein A und noch ein A es sind die beiden A der ersten zeile in der zweiten zeile steht ein A und noch ein A es sind die beiden A der ersten zeile aber untereinander vertauscht in der dritten zeile steht ein A und noch ein A es sind nicht mehr die beiden A der ersten zeile sondern die beiden A der vierten zeile allerdings untereinander vertauscht das kommt in der vierten zeile zum vorschein wo ein A steht und noch ein A also die beiden A der vierten zeile allerdings untereinander nicht vertauscht das gedicht kann horizontal und vertikal gelesen werden wodurch die wirkung frappant gesteigert wird bitte nachzeichnen

Es könnten ja auch fünf Zeilen gewesen sein. Um welche A's hätte es sich dann gehandelt?

Unsere Veranstaltung (Paßwort »Fünf«) strukturiert noch den Text der sich bemüht, das Ende nicht in den Mund zu nehmen (und es, wie Sie hören, inkonsequent, also wohl pädagogisch kokett, doch tut), während ich dies heute, den 16. Januar, schon schreibe, ohne zu wissen, daß – nein, ob – ich es heute am 8. Februar noch so angedämmert lesen werde – nein, würde –, da es sich längst abzeichnet, wie immens der Skandal des Anfangs permanenterweise in ihm stattzufinden sich erdreistet wie im Gegenteil der Rückgriff: ja, ist der Rückgriff dann im Lärm des Anfangs schon sein Gegenteil? Wäre ohne Lärm und Gegenteil der Rückgriff überhaupt noch skandalös? Alarm!

volta:

arkadien – ein auch
früh – dem pfeil geflogen
einmal ich
einmal war
einmal gebirg und tal
durch – und zurück
das war in einem
ein auch arkadien

nicht mein arkadien
sondern ein auch
nicht durch – nur in
war in arkadien
ich einmal auch

ich war nicht in
arkadien – kein ich

war – nur gewesen
in nur arkadien
dem schütz-schütz

ausgeschlossen
nur ich war nur
nur nur war auch
nur war war in
arkadien nur

desgleichen
also doch
in auch einem
– gezogen

Aufbau eines Feldes mit dem Pfeil dem Bogenschleifer überm Voltaboden tell & urisch – denn natürlich, meine Damen und Herren, baue ich da tragend ab. Weh dem, der Zelte und Symbole sieht. Die Art des Widerfahrens ist transitiv-intransitiv ein Fundstück zum Verlieben, auf das der Text sich mir und Ihnen marmeladenmäßig baut. Alarm! Denn

Text hat weniger Text als zusammen mit einem Leser. Text hat auch mehr Texte als Leser. Text hat aber auch mehr Text als Texte und weniger Leser als ohne einen Leser – diese Ungenauigkeit, und immer im Falschen Moment. Denn wenn Text aber mehr oder weniger hat oder ist, ist er doch auch vieles womit er nicht zu tun hat. Den Falschen Moment kann er sich, obzwar er mehr Text als Leser ist und mehr Text als Texte hat, nicht aussuchen. Zwischen ihm und seinen Texten und zwischen (s)einem Leser und ihm passiert ja mehr Text als im

Falschen Moment – das zumindest ist weniger Zwischenfall mit Debakel als Chance ohne richtigen Text. Punktuell wird der Text von seinen Texten zugeschweißt, versiegelt. Punktuell wird Text zu keinem Text. Im Kopf der Leser ist er anderswo als der Kopf der Leser, den besagten Moment lang. In dem auch sonst unheimlich viel passiert d. h. genau so nicht.

Hat und ist weil das an ihn Gelegte in ihm nicht aufgeht, weil er im Angelegten anders aufgeht als im Nichtangelegten, weil er wenn das Anlegen und das Nichtdrinaufgehen zum Angelegten werden plötzlich wieder – Schrecken! – über eine Poetologie verfügt, die weniger die seine ist als eine eines seiner Texte oder eines Lesers ohne ihn.

daß – beziehungsweise wer – zusammen
wie vonstatten oder inbegriffen gleichsam
deren – sozusagen hingerissen – exegese also packe/fasse
wo sie – jene – eine – ihre – angemessene be-
wandtnis hätte/fände/reisen täte
beispielsweise in der ko-
lossalen sphäre
ihrer fuhre –

frosch – und/oder zu

daß unumwunden und im
beisein ihrer kurzen abge-
rissenheit der sogenannten reise-
route letztlich eine fraß-rasur zur ab-
gefeimtheit ihrer gräßlich modulierten brühe

hätte hätte – wäre wäre

deren rest-besessenheit am kalb sich mächtig flöhte
und von unterwegs in personifizierter flat-
tersätze abgekarteten verkettung
ihrer meister-leisten
schläuche
orte
sprenge – otto david philipp runge!

(lösche – ufo van hieronymus!)

beieinander – sechzig kühe
hypostatisch – demnach füglich
sie zusammen – vademecum – daß von we-
gen »überhaupt es reisen könne« (wem zu sagen »da-
gewesen«) – erde feuer protokolle: igel igel – hase hase

– jakob frohsinn untertasse!

nämlich dieser – nunmehr welcher – kinderbinder bor-
sten-
schänder luderloh von wesenspfad/sendelblau/her-
zensmund/besenfrau – daß baß erklinge
wasser wasser – spange spange
linsenschlinge
äther
zange

»wie er da so lag«

daß – wie demnächst – sie einander (moses binse zucker-
schneise) sang und klang wie/oder zunder unumwunden

zeugen zeuge – liederlicher diachroner – näm-
lich mit sich – also eine matte bruste
lose runde – fremde trüge
oder über eine lange
friedrich/peitsche/hühnerplatte
ozelote
reise
beuge

– o magnolie!
(caspar daniel whispers reise-zeugnis-überschreibung)

Tongestalt & Bedeutungsmusik.

Texte sind generell Primzahlen. Je primer umso besser.

Gibt es primere Primzahlen als andere? Ja. Die Eigenschaft »nur durch sich selber teilbar« ist in besseren Exemplaren insoweit gesteigert, als sie nicht zu vollziehen ist. Das Annäherungspferd im nicht.

Gute Texte sind aber so schlecht vollziehbar, daß sie als Primzahlen nicht mal taugen. Sie sind halt naturschön. Nur was heißt das schon.

Bedeutungsmusik! Tongestalt! Feuer! Alarm!

Vom Mäh der Schafe in der prometheischen Geste, die mir so gar nicht koscher ist. Exorziert, bin ich selber dies Mäh – und verteidige deshalb lieber Proteus und die Proteine. Ausgetrieben (was wäre sonst die Sprache? wie hielte sie es sonst mit ihrer Erbse, dieser Prinzessin auf der Ü-Sonde?) plädiere ich für die Wandlungsfähigkeit im Potential der Biomasse, also das absurd Absonderliche, kurz die Poesie.

Aber immer diese prometheischen Grünschnäbel Kinder & Künder! Die verwöhnten Fratzen. Keine Ahnung von, maßen sich an – und haben noch nicht einmal einmal überlebt.

Diese auftrumpfenden, klagenden, alle Dinge durchschauenden Ausrufezeichen. Diese »Achtung, Ironie! Achtung, Hintersinn!«-Anführungen. Halten sich dabei für so widerborstig, ja für etwas wie den ästhetischen Hautgout-Belag auf der Zunge – mal von Luther, mal von Schwejk. Ach, die Minderheitenbesserwisserei, oh die Schützengräben.

Von all dieser Krüppelei, um nicht Beschädigtheit zu sagen.

Kaffeesatz-Ausführungen. Exillumination.

aus dem kontext geholt wird der satz zum aussatz oder findelkind ideologen bevorzugen den umgang mit schreckenswörtern die sie zu lächelnden gesetzen winden unter der pestsäule wird den zufrühgeborenen das schwarze und den zukurzgekommenen das gelbe erbsengericht zuteil den glubschäugigen und mit schwimmhäuten behafteten weist die geschichte ein engeres sieb zu während die flachlippigen abkömmlinge des ahornquadrates dem leitbild des trichters zu schwören haben oh oh oh wir unterscheiden demnach das verlorene kalb vom verlorenen sohn und die geschlachtete hoffnung vom geschlecht historisch betrachtet ist heimweh eine historische sache im folgenden weigert sich der weigerer entschieden den exilstern zu tragen mit welchem recht einerseits so argumentiert er und andererseits mit welcher schuld unvernünftig verschließt er die augen diese vaterlandslosen gesellen diese heimwehlosen melancholisten diese scham- und maßlos nüchternen »jeden herbst verbrennen wir mit dem kartoffellaub götzen und brücken brücken und götzen« und dann: bekenne dich nenne dich derausdemahornquadrat bitte sehr und dann: wo ist dein haus so darf man nicht fragen diese frage ist eine obszöne frage aber zugehörigkeit ist etwas für dritte sichtbar gewordenes heißt es weiter im text nun findet eine migration der axiome statt axiome sind frei sich vermehrende lippenblütler so einfach machen es sich die weltbürger sie trinken jakoböhmischen kaffee gegen das hundsfieber die dogmalaria den ekel am witzwort sie treffen sich nachts auf dem holzweg wann sprechen wir drei uns wieder den gruß im grunde ist alles natürlich sehr einfach ovid ist eine europäische idee my home is my biography und die angst wurzeln zu schlagen eine redensart an dieser stelle ereignen sich dinge jede ähnlichkeit mit toten und lebenden personen ist verschieden jedes leugnen umsonst der versuch die tugend zu nötigen scheitert am tiefsinn ein psychogramm auf der waage ist wie ein wort auf der flucht vor sich selbst wie ein hinkender das ist ein körperbehinderter vergleich oder anders gesagt zwischen verhaftet und verhaftet gibt es quantifizierbare unterschiede oder noch anders gesagt er hat gut reden ihn umschreibt die erkennungsmarke alpha er steht selbst redend auf der seite des verstandes was soll ihm exil 2-3 sätze (handschrift) von einem der fortging das fortgehn zu lernen das mutabor-märchen der stuff matter sprache die ganze litanei (1973)

Vor Stilisierung hilft keine Stiefmuttersprache. Selbstauskünfte sind mit der Pinzette anzufassen. Auch dieser Satz.

i a-e e-e-e u-a au i: »Wie Hase bewegtes Uralt, auch dies«.

Sechs Wörter, zehn Silben, eine Vokalschnur.

Aus dem großen »Stilleben« von Friederike Mayröcker geschält, voodoo-ludensisch an der Fokalschnur entlang weitergespielt:

»WIE HASE BEWEGTES URALT, AUCH DIES«,
wie phase, der bewegung schal (aulis
klimaresede): emulat aus knie
(wie rasend, den sechsten gruß) – man glaubt, kies
kriecht (lavendel, fetzentour), waldraub im
spiel an den gelenken – nur das rauchziel
wien klagt elementen nun, was, maus wie
lyra bedenkend, kleespur hat – schau, die
synapsen schält etzel, blutbahn schraubt mi-
nimalskelett, wenn der zufall auch sin-
niert – hast federleben (kurpfalz! strauchdieb!)
– mich labt nebeljäger; nur land aus linz
(die faser, schlehengeburt), sagt laurin,
schmiegt das je erlebte zu passau; wie
schliert das besteck dem kuhstall (pflaumig
stigma, sendelhände), und malt auch dies

Kommentar zu meiner Vokalise der Mayröcker-Zeile.

Interpretation wie *Kommentar*, radikal definiert, ist nach dem Schreiben oder der Lektüre eines Textes das Schreiben oder die Lektüre eines anderen Textes.

So war bereits die Vokalise Interpretation. So wird was ich auch sage Interpretation gewesen sein.

Ein Ostern vielleicht wie Viertausendsiebenhundertundelf-Reminiszenz. Bibbernde Knie-Innenseide, sandig; auch dies seitliche Kiesgeweih »hinter Talmesch« – Karpaten-Säbelbein Wendelin Rauchpsalter langsam hinter die Ohren geschrieben, auch diesseits von Rasur-Allhie: wer hat dir die Leichen gebräunt, wo die Hosen übergezogen, Turandot, nie. Dies bald auch. Oder, sehr bewegt, ein Rasenstück Wiesenschaum bis Haendel vor Wien, Lavendelgarbe Fahrbewegung Heim-Tücke, floralisiert, auch dies nasale Klopfen des Schamkrauts, eine Rötelzeichnung »von Durchblutung« (Hockney), sagt sie türkis, ein Schellenbaum die Endloslager ballsam, fünfzig, siebzig, wie Kennedys und das, Himmel-Hölle-Grätsche, Hasenscharte, Zuckmantel, Arbegen, Missing Link: Induktionsschleifen mit Scheuerleisten, einwärts, seien Vokalisen. Alle Straßenkehrer bei uns hatten beide Beine aus Jodmangel wie Hase bewegtes Uralt im Spielbein, auch dies eine Wange, geritzt.

Dem Affen Zucker geben; hin und wieder lockerlassen; und dann jene öffentliche Dankbarkeit, die mich immer wieder erstaunt, wenn vom Text was abfiel, das nach »Leben« riecht.

Das Wuchern mit dem Mißverständnis: Wucherungen.

Ich selber kenn ja diese Brosamen, den Süßstoff, nur zu gut. Warum läse ich sonst mit Behagen abends Krimis?

Reizgewäsch. Autoren zum Anfassen, bitte sehr – die Atavismen im Mäandertal, wie jene janusköpfige Fiktion im angebiederten »Jetzt«: Gäbe es demnach die Gegenwart »pur« zu haben? Die nicht sprachliche Leistung, d. h. mit Zukunft und Vergangenheit gesäumt & besetzt, d. h. hervorgebracht wäre, so intim wie jener Grenzwert »Achilles und die Schilddrüse«, aus dem ein Zeitraum wie ein Spinnwebfaden quer zur Raumzeit tröpfelt und »verläuft«? Quer – oder jedenfalls in einer Dimension, die sprachlich anders vernetzt & verjazzt ist, synkopisch letztlich, und nämlich nur eigenwillig möglich, indem sich die Regelanfrage hier selber verletzt.

So daß auch unser fünfeiiges Vorhaben einer prospektiven Poetik des Undings ständig auseinanderdriftet und zusammenschnurrt. Punktuell Erfahrenes, vielleicht. Kein Fazit.

Ich hätte Ihnen lieber 5 Stunden lang nur Texte und Gedichte vorgelesen.

Ich habe Ihnen 5 Stunden lang nur Texte und Gedichte vorgelesen.

Vergessen Sie einmal daß Sie das Unding nicht erinnern können. Erinnern Sie einmal das Unding an Ihnen zu vergessen wie es Sie produziert hat an sich und an mir – hören Sie sich im Wasser hören:

während in der ersten zeile DAS HÜNDCHEN seinem herrn beim ertrinken beisteht ist in der zweiten zeile keine rettung mehr möglich in der dritten zeile wächst die verzweiflung während schon hilfe in der vierten zeile naht das gedicht veranschaulicht DIE TREUE während sein titel SCHON zeitloses deutet

Der Erkenntnisweg – ein plötzlicher Kurzschluß. (Man hat was erfahren, aber es läßt sich nicht mehr in einen Satz bringen; der Satz geht total vorbei.)

Vorläufig endgültig kam Gülfig Läu vor
Gül Endäu vorte Figtig
Tig vor Endl Endl Endl
Tor
Läuf gult Vorlauf
endlich Vorl da Keit
Keit endläufig
Keit vorgültig
vorlich Keit und endig Keit
Keit Gül Keit Endl
Keit keit vor Keit alles keit
läu Gülfig fäu
äu
Torl

Der Kopf, den Sie sehen, er spricht noch. Was sagt er? Mein Anliegen, sagt er, am Hals, am Kehlkopf, ist ein enges Liegen am sausenden Abfall des Ohres von der Akustik; lassen Sie sich von dieser Stimme nicht täuschen: je sanfter sie einherkommt, umso perfider geht sie ins Ohr – da liegt der Hase im Pfeffer, das Haar in der Suppe, die Redensart auf dem Tablett – ritschratsch: STANDORT MIT LAMBDA – KUWEIT MIT LUNA

Ach, dieser Autor & Pfiffikus, Schlaumeier & Besserwisser, Unabhängigkeits-Mimose »Kohlhaas« und Weißgottwas-Pokierer mit seinem Jokulator-Okular, der trapezoidale Permutant! In seinem

lauftextgedicht bemüht sich ein augenschlitz der schnell-füßigen wesentlichen katze auf die spur zu kommen ohne ihr auf den leim zu gehn andererseits hat die schnellfüßige wesentliche katze am äußersten ende ihres schweifwedels ein durchlöchertes leimtöpfchen hängen aus dem ein faden läuft ihre pfoten jedoch stecken in gleitschutzklauseln aus spurensicherem kunstfilz so daß tatsächlich die einzige spur die sie hinterläßt nichts als leim ist der augenschlitz befindet sich in einem bösen dilemma entweder er gibt auf bleibt stehn denkt nach dann kommt er ihr nie auf die spur oder er macht weiter dann kommt er ihr auf die spur geht aber auch auf den leim eine wirklich dumme situation sie ist natürlich eingebaut finte manöver der katze zögermoment denksekunde doch bis der augenschlitz draufkommt ist es immer wieder zu spät leichtfüßig und kätzisch ist die wesentliche in ihrem vorsprung um drei laufecken voraus hinter sieben zeilen versteckt oder schwupp schon unterm schluß hinweg entwischt trotzdem sollte man sich hüten durch voreiliges zuklappen des textes den augenschlitz auf etwas festzulegen er wird noch benötigt

Biographie – ein Lauftext. Rühmen – das ist, wenn schon, es: das Involviertsein in den *Voodoo ludens mit dem Furor sapiens* »im Trapez«. Das ohne Netz behaupten kann beim Schwingen:

> Person und Zweck des Ortes ist der Abstand
> Person und Zweck des Abstands ist der Ort

Person und Ort des Abstands ist der Zweck
Ort und Person des Zweckes ist der Abstand

Zweck und Person und Abstand ist des Ortes
Zweck und Person und Ort des Abstands
Zweck und Ort und Abstand ist der Person
Zweck und Ort und Person des Abstands

ist Ort der Person des Abstands der Zweck
ist Ort des Zwecks des Abstands die Person
ist Ort des Zweckes der Person der Abstand
ist die Person des Ortes der Person der Ort

Abstand und Ort und Zweck und Person
ist Abstand ist Ort ist Person ist Zweck
des Abstandes des Zweckes der Person des Ortes
von Abstand Zweck Ort Person

Person im Abstand ist des Zweckes Ort
Zweck im Abstand ist der Ort in Person
Person im Abstand ist des Ortes Zweck
im Zweck im Abstand in Person und Ort

Ort Abstand Zweck in einer Person
Ort Abstand Person – Zweck ist Zweck
Abstand ist Person – Ort ist weg
Abstand ist weg – Ort ist Person

Spiel mir das Lied vom Topos Spielraum Regel, unter tausend, Oulipo.

Kein Kochbuch, keine Bastelecke, keine Machbarkeitswiese.

Von diesem Zugzwang gegen gruppenadjektive Totemkopfgewächse – nix mit Ismus, einfach oulipotisch. Ich plädiere für das Oulipotential. Überall ist, dünn gesät, auch Oulipotamien.

Und feuilletonisch dann, mit Beiklang, gleich das Wortspiel, die Artisterei.

Wer nicht spielt, weiß nichts vom Widerstand; der Regel; und gegen die Regel. Wie sich der Ausbruch aus der Kondition ermöglicht – etwa dort, wo analogisch denkend mir die sogenannte Volksetymologie gegen jede Logik was durchaus Logisches herausbürstet.

Jokus also; das Jokular und der Joker (der schreibend sich lautlich einsetzt – »mal sehen, was rauskommt«); le jeu – das besagte Donnerstagsspiel »jeudi«, Robinson ohne Freitag.

Dann yok – wie jemand mir neulich in Glückstadt erklärte, das griechische »Nein«; allerdings türkischer Provenienz, da Griechen nie verneinen (oder höchstens Kreter sind), während die Rumänen, wenn sie »yok« sagen, den bewußten Unterarm emporen – »hat sich was, ätsch, und dein nicht zu achten wie ich« – sagen sie aber »joc«, dann spielen sie nicht nur, sondern auch auf: tanzen, stampfen, fiedeln und flöten.

Und ludus? Lude und Liederjan? (Während ich dies schreibe, im IC, saust draußen Ludwigslust vorbei) – die Leute sagen (ljudi sind nämlich auf Russisch die Leute, das Volk, man allgemein und unpersönlich, jeman wie Yemen, Ulmen wie Ui – mindestens), das habe nun aber weder mit ljod zu tun, dem russischen Eis im Polarbereich, noch mit etwas zum Fliegen erfundenem wie der Samaljot, der's von selber tut.

Ludensische Lötvorgänge natürlich, würde man sagen, in diesem Spielraum oder Toleranzbereich des abgesteckten Schienenwesens. Gabarit – auch so ein sprechendes Wort.

Wie fair ist mein play? Ich plädiere für das Stellwerk der heißen Pellkartoffel als Fußdecke. Es bleibt nichts anderes übrig, als ungerecht zu sein – Lepra, ein Pläsier. Der player im play, ein Stück im Stück, Gestell im Gestell, untersteht sich (auf Stelzen) im Unterstand – wir sind, mit einem luftigen Satz, beim Marionettentheater. Dort schrein die Scheite beim Zersägen (Holzschneider, Strohschneider, töfftöff mit Benzin) in einem fort in einem Kind: Ninipleh, Ninipleh – Ninive Nivea, und wir leppern uns zusammen im Pelz der Plejaden – es schneit fair play, jeudi, Ludmilla, Mickey Spillaine.

Vielleicht ist Poesie nichts anderes als Beiordnung (nicht Einordnung), Juxtaposition, wo's juckt (und nicht Subordination) – auch wenn die Würfel oder Knoblauchzehen »alia«, na was? yok iacta, yok Hickory-Plexus. Ad acta.

Alias die Ordner. Das Papier. Die Druckerschwärze, Das Format. Lettern, Typen, Interpunktion. Qualität und Auflage. Der Verlag und sein Ruf. Die Reihe und das Programm.

Wer in welcher Verfassung das Buch oder im Buch liest. Gekauft? Geliehen? Kopiert? Frau Nachbarin/Herr Nachbar im Regal – nach Höhe, Dicke, Farbe, Gattung, Alphabet?

Das Budget – von welchem Zeitgeist eingeflüstert? Und was noch über Nacht alles passieren könnte. Vollinhaltlich.

Also vom Vorausdenken der Imponderabilien ins Material. Auch so ein Genitiv in der *Projektpoetik.*

Wie bündelt sich nämlich das Buch. Wie bündeln sich die Bücher (die ich ja gerne nachträglich Projekte nenne) zum – sagen wir vorsichtig – Opus.

»Offene Form«, »Geschlossene Form« – die Formfrage ist müßig; ich bin so form wie Torso und Fragment beliebig (Fleischextrakte, Würfel, Ruinen): Kein Interesse mehr. Der Igel war schon hie.

Fragwürdig, ebenso, Chronologie als Konsequenzbeweis.

Freilich, bei aller Diskrepanz & Überlappung zwischen der realen Entstehungsgeschichte von Texten, auf dem Papier wie im Kopf, und der dann später sich als Bibliographie darstellenden Publikationsabfolge kann mir die Rückwirkung des nacheinander Veröffentlichten auf meine oft auch parallel gefächerten disparaten Schreibansätze wurscht sein. Ihrer erwehren kann ich mich nicht.

Und steh dann da zum Laut, durch den ich werde. Phoneme unterscheiden, was nicht haltbar ist, den Sinn. Die Sinne. Und liebe doch das Buch, den Gegenstand mit seiner Schwärze – anachronistisch vernarrt in dies Festland »kontinentaler Zeit-Container«. Zerklüftet, wie Sie hören, rhythmisch, also doch vom Klang? Der Rückenwind stemmt sich ins Prospektive, bläht, bündelt, hält Gebündeltes zusammen – ja, das publizierte Buch (Ort Datum, Verlag) spielt »opusprägend« in der inneren Maschinerie der folgende Projekte mit.

Wobei ich den Verdacht nicht ausschließen, manchmal sogar wagen möchte: daß alle diese »projektkonstitutiven« Verfahren ja in der Tat schon wirksam oder wirklich dagewesen sein mußten (oder wollten), indem sie zum Bewußtsein sich erwähnten, avant la lettre sozusagen, vor der Regel, welche sie aus dem Nämlichen ins Wörtliche spielte: Anagramme, Idiome, Vokalisen, Palindrome; Listen Schnüre Häufungen; Zero-Prä- wie Lipogramm-Absenzen; Pingpong-Kreuzungen mit anderen Autoren oder mehrerer Verfahren untereinander; frei flottierte Rösselsprünge »um drei Ecken« oder, streng, die Transformationsmasche »+7« nach irgendeinem Wörterbuch; hin und wieder einfach Oberflächenübersetzung; schließlich die Sestinen – und sicher eine Menge anderen Procederes hinzu.

Natürlich weiß ich nie, wann ein Projekt beginnt. Das ist das Aufregende: erst wenn es begonnen hat (nach 3, 4, 7, 8 Anläufen oder Würfen) hat es gegriffen, so genau kennt man den Zeitpunkt nie. Das ist so ganz und gar nicht die, wie man zu typisieren pflegt, Schillersche Art und Weise »von der fertigen (Projekt-) Idee im Kopf, die es bloß sprachlich anzufüllen gelte«; die den »Skandal des Anfangs« ignoriert – oder überspringt. Ich will mich ihm aber stellen, ungewappnet vom Gedanken der Machbarkeit.

Je strenger die Projekte waren, umso aussichtsloser, wenn sie ihre Möglichkeiten erschöpft hatten, die Weiterführung in der gleichen »engen« exklusiven Stoßrichtung. Ich weiß nicht, ob das Wort ENGFÜHRUNG, von Paul Celans Dichtung stark geprägt, hier anwendbar ist – aber tatsächlich *war* die Engführung der Projekte auch die *Herausforderung*: wie komme ich heraus. Zeichnet ein nächstes Projekt sich ab? Wo hockt und löckt es bereits gegen seinen Einfall?

Damit die Dinge weiter unterwegs sind, weigere ich mich, eine umfassende Projektpoetik zu projizieren. Ich will mich weiter überraschen lassen können.

Knackpunkt Vorurteil & seine Losigkeit.

Knackpunkt Interesse & sein Des, die kleine Aster.

Und jene spielerische Fakultät, die »meine« Familie der Wörtlichnehmer auszeichnet, nämlich einander Befremdendes herzustellen – habe ich sie schon genannt? Muß ich sie noch nennen, diese natürlichen Affinitäten rund um den Globus und quer zu den Koordinatenlöchern im Käse der Jahrhunderte, wie ich mir das so vorstelle, all die Unbekannten ersten bis x-ten Grades, Cousinen des Fernamtes, Vettern aus der mündlichen Taiga, Kuckuckskinder, Rabensöhne, Stiefenkel der Zugehörigkeit – nicht mal ein hauchdünnes Fähnlein, nicht mal ein Buhlen um Geschwisterschaft, wenn sich der Verwandtschaftsgrad grad eben noch, falls man ihn kennt, als Eigenname definiert: von Gertrude Stein bis Helmut Heißenbüttel, von Chlebnikov bis Georges Perec, von Quirinus Kuhlmann über Laurence Sterne, Lewis Carroll und Clemens Brentano, etwa, bis Unica Zürn, H.C. Artmann, Friederike Mayröcker und Reinhard Prießnitz, d.h. auch von den Oulipoten zu vielen Autoren des Bielefelder Colloquiums Neue Poesie.

Die nicht imstande sind, Sein und Bewußtsein, dies Unding an sich, künstlich zu trennen.

Oder überhaupt zu rekapitulieren.

Als könnte Sprache, indem sie mich erfindet, dem »Wort vor dem Ding vor dem Wort vor dem Ding vor dem Wort«, usw., auf die Spur kommen.

Als haspelten, indem sie biographisch aufeinander folgten, die Sprachgebilde allesamt nur immer weitere »Gründe« nach rückwärts ab auf der hysterischen DNS-Spindel »Ei – oder Kolumbus?«

Als »wollten« Texte Leser und Hörer eigentlich hellhörig machen für Unterschiedenes, das gut sei, das Widerborstige; im Unterschied zu den final-kausalen Monstern der Prophetie.

Als »müßten« sich die Wörter ständig delegieren, um Resümé zu ziehen über andere, die noch nicht gesprochen wurden.

Als wären sie Familienbesitz sogar der Wörtlichnehmer – oder womöglich Stellvertreter für Glück und Dummheit sowie andere Begriffe aus der platonischen Büchse.

Oder als wären sie leibhaftig Pandabären.

Nein, als wäre sie ja, die Büchse, der Spielraum erst für die betenden Pandabären Freiheit und Zwang; als lotete (ora-bora-thora-lab) sich lesend hier der Text – das Unding – sich selber aus:

Am Rande, denkst du, denkst du Sätze, die dich den-
ken. Du denkst, sie denken dich. In deinen Sätzen
bist du an ihrem Rand. Du bist eine Anrandung von

Sätzen, die dich an den Rand stoßen, Gegensätzen,
und auch an denen wandelst du entlang. Sätze, die
dich gegensätzlich denken, wandeln dich an und den-

ken Gegensätze, die du nicht denkst. An deinen Tat-
beständen kommst du nicht vorbei – es sind seltsame
Sätze. Du kannst an sie denken, sie denken nicht an

dich, sie denken dich seltsam am Rande, du bist ei-
ne Anwandlung von ihnen, die an Gegensätzen nicht
vorbeikommen. Am Rande der Sätze, in denen du bist,

liegst du noch ganz am Rand, wenn du darüber hinaus
denkst. Auch sie denken dich hinüber, doch an ihren
Tatbeständen kommen sie nicht vorbei. Es sind nur

Sätze, die nur denken können. Du denkst, sie denken
dich, sie denken, du denkst sie, es ist eine Ver-
schwörung an den Sätzen, die dich nicht abwerfen

können, die du nicht abwerfen kannst, ein Inzest.
Am Rande des Denkens, solange du denkst, liegst du
in Sätzen an Sätzen, noch kann dich keiner über den

Rand verstoßen, den du nicht denkst, seltsam, du
bist nur in Sätzen in Sicherheit, die dich wiegt,
und nur in Sätzen in Freiheit, aber in welcher.

Eine Minute noch. In dem Spielraum von Determiniertheit und Indeterminiertheit, dem Rätsel der Sprache, ist Platz für solche Übergänge. Das transitorische Moment. Sonst könnte ich nicht verstehen, wie wie und was im Daß verlaufen. Daß überhaupt, wenn überhaupt, der Text sich liest als Daß-Organ. Das »wie« des Verfahrens erweist sich als ontologisches »daß«: daß Text da sei. Konjunktivisch, virtuell, potentiell. Sage »ob«; oder Paul Wühr.

Daß Verstehen etwas wie Hervorbringen sei; daß alle »Poesis im Verfahren« doch bitte subtile Naturwissenschaft sei, nur noch nicht erkannte; daß die Wirklichkeit ein virulentes Sprachproblem sei.

Denn ich möchte ja gut und gerne glauben, daß alles Wörtlichnehmen allgemein im Menschen angelegt ist, nur oft und graduell verschieden immer wieder verschüttet wurde (Anpassung, Bildungssog, Zöglingskrause, Dogmenwickel, Machtraubblick) und in steigendem Maße – nicht nur durchs individuelle Altern – zugeschüttet wird: ein naives Modell, womöglich, einer ursprünglichen Unschuld, dem ich da anhänge, zweifelnd anhänge; als sei eine Paradiessprache doch noch machbar, wiederherstellbar durch hymenoplastische Operationen am

Sprachleib der Erkenntnis, am Erkenntnisleib der Sprache …

Unmöglich! Kein Kolchis ist nicht keine Jungfrau ist keineswegs ein Gnadenzwinger usw. Abgesehen davon, daß örtliches Flickwerk, wie immer, in bezug auf hauchdünne Stoffe mit Faden und Nadel (lamentabel), also lückenhaft vor sich geht. Futschikato ad fontes, ad acta, schade.

Bleibt mir, zu danken Ihrer Arbeit am fünfeiigen Text, so es eine war, rundum dem Spielraum zur Gegebenheit wie der heldenlosen Konjunktion, mit der das Unding an sich schließt und